PROJET

DE

CODE DE PROCÉDURE PÉNALE,

PRÉCÉDÉ DES

PROJETS DE LOIS ORGANIQUES

SUR LES TRIBUNAUX,

SUR

LE DIRECTEUR DES DÉBATS ET LES JUGES D'INSTRUCTION,

ET

SUR LE MINISTÈRE PUBLIC.

LAUSANNE.

IMPRIMERIE DES FRÈRES BLANCHARD.

1835.

1835.

PROJET DE LOI

Sur l'organisation des Tribunaux chargés de l'administration de la justice pénale.

LE GRAND CONSEIL

DU

CANTON DE VAUD,

Vû le Projet de loi présenté par le Conseil d'Etat,

DÉCRÊTE:

CHAPITRE PREMIER.

Dispositions générales.

Article 1er. Le Canton de Vaud est divisé en deux arrondissemens judiciaires criminels :

Le premier comprend les districts d'Avenches, de Payerne, de Moudon, d'Echallens, d'Yverdon, de Grandson, d'Oron, de Vevey, d'Aigle et du Pays-d'Enhaut.

Le second comprend les districts d'Orbe, de la Vallée, de Cossonay, de Morges, d'Au-

1

bonne, de Rolle, de Nyon, de Lausanne et de Lavaux.

Chaque district forme un arrondissement correctionnel et de police.

Art. 2. Il y a un Tribunal de Cassation et un Tribunal d'Accusation pour tout le Canton, un Tribunal criminel par arrondissement criminel, un Tribunal correctionnel et un Tribunal de police par district.

CHAPITRE II.

Du Tribunal de Cassation.

Art. 3. Le Tribunal de Cassation est composé des dix juges au Tribunal d'Appel, qui ne font pas partie du Tribunal d'Accusation.

Art. 4. Il est présidé par le président du Tribunal d'Appel.

Art. 5. Il a pour greffier, le greffier du Tribunal d'Appel

Art. 6. Il est servi par les huissiers du Tribunal d'Appel.

Art. 7. Il siège au chef-lieu du Canton.

Art. 8. Le remplacement des juges empêchés se fait par le Tribunal lui-même. Il ne peut choisir le juge remplaçant parmi les agens révocables du Conseil d'Etat.

Art. 9. Le Tribunal de Cassation a un registre particulier.

Art. 10. Le costume des juges au Tribunal

de Cassation, lorsqu'ils sont en fonctions, est l'habillement noir.

CHAPITRE III.

Du Tribunal d'Accusation.

Art. 11. Le Tribunal d'Accusation est composé de trois juges au Tribunal d'Appel, qui fonctionnent pendant dix-huit mois, à tour de rôle.

Ils entrent en fonction au 1er Janvier et au 1er Juillet. Il en sort un à la fin des 6 premiers mois, et ainsi de suite à la fin de chaque sixième mois.

Le Tribunal d'Accusation est présidé par le plus ancien des juges qui le composent.

Pour établir la rotation, le président sort le premier, et ainsi de suite.

Art. 12. Le Tribunal d'Accusation a un greffier particulier, nommé par le Tribunal d'Appel, pour six ans, et rééligible.

Art. 13. Le greffier du Tribunal d'Accusation doit être citoyen vaudois, âgé de 25 ans révolus, et domicilié depuis deux ans dans le Canton.

Il est soumis aux mêmes conditions d'éligibilité que le greffier du Tribunal d'Appel, sauf qu'il peut être membre du Grand Conseil, ou d'une autorité communale.

Art. 14. Le greffier du Tribunal d'Accusation est assermenté, à huis ouverts, par le président du Tribunal d'Appel, en présence de ce dernier Tribunal. Il prête le même serment que le greffier du Tribunal d'Appel.

Art. 15. Le Tribunal d'Accusation est servi par les huissiers du Tribunal d'Appel.

Art. 16. Il siège au chef-lieu du Canton. Ses séances ne sont pas publiques.

Art. 17. Le juge empêché est remplacé par un des juges au Tribunal de Cassation, appelé à tour de rôle.

Art. 18. Le costume des juges au Tribunal d'Accusation, lorsqu'ils sont en fonctions, est l'habillement noir.

Art. 19. Dans les cas de maladie, de récusation ou d'un autre empêchement majeur du greffier, le Tribunal d'Accusation peut lui nommer un substitut, pour la seule durée de la cause d'empêchement et à la charge par le greffier d'indemniser son substitut.

Art. 20. Le greffier tient les archives du Tribunal d'Accusation.

A la fin de chaque trimestre, le Tribunal d'Accusation inspecte l'état du greffe, il examine si les registres sont à jour, les papiers en règle, il examine aussi s'il ne s'est point glissé d'abus dans la perception des émolumens.

CHAPITRE IV.

Des Tribunaux criminels.

Art. 21. Chaque Tribunal criminel est composé de douze juges, savoir :

a) Trois juges nommés par le Grand Conseil.

Le plus ancien de ces trois juges préside le Tribunal après que le Directeur des débats s'est retiré.

b) Trois présidens de Tribunaux de district de l'arrondissement.

c) Six juges de Tribunaux de district de l'arrondissement.

Le Grand Conseil nomme, pour l'arrondissement de chaque Tribunal criminel, trois juges suppléans, pour remplacer, le cas échéant, les juges mentionnés lettre *a*.

Deux présidens de Tribunaux de district et quatre juges aux Tribunaux de district sont désignés pour remplacer, en cas de besoin, les juges mentionnés lettre *b* et *c*.

Art. 22. Les trois juges de la catégorie *a*, sont nommés de la manière suivante :

Dans les dix premiers jours de Novembre, le Tribunal d'Appel fait passer au Conseil d'Etat une liste de présentation en nombre double. Le Conseil d'Etat dresse une pareille liste de présentation, dans laquelle il peut désigner les personnes déjà présentées par le Tribunal d'Appel. Il soumet ces deux listes au Grand Conseil, au commencement de sa session d'automne. Le Grand Conseil passe ensuite à la nomination, qui a lieu au scrutin secret et à la majorité absolue des suffrages.

Les trois suppléans appartenant à cette catégorie sont nommés dans les formes prescrites pour la nomination des juges.

Art. 23. Les juges mentionnés à l'article 21 lettre *a*, sont nommés pour six ans. Il en sort un tous les deux ans. Ils sont rééligibles.

Pour la première fois et pour établir la rotation, l'ordre de leur nomination détermine leur rang de sortie.

Les dispositions de cet article sont applicables aux suppléans de cette catégorie.

Art. 24. Les juges mentionnés à l'article 21 lettre *b*, sont en place pour un an. Le sort désigne entre tous les présidens de l'arrondissement ceux qui doivent fonctionner pendant ce temps.

Le tirage au sort se fait au Tribunal d'Appel, dans la première huitaine de Décembre, en séance publique: les quatrième et cinquième noms qui sortent de l'urne, désignent les suppléans de cette catégorie.

Art. 25. Les juges mentionnés à l'article 21 lettre *c* sont en place pour un an.

Le Conseil d'Etat choisit huit juges des Tribunaux de district de chaque arrondissement : il envoie sa liste au Tribunal d'Appel, qui choisit, de son côté, huit autres juges dans chaque arrondissement.

Les six juges qui ont fait partie du Tribunal ne peuvent pas être immédiatement portés sur ces listes.

Les noms des seize juges désignés pour

(7)

chaque arrondissement étant ensuite mis dans l'urne, six d'entre ces juges sont désignés par le sort et complètent le Tribunal criminel. Ce tirage au sort se fait en même temps que celui mentionné à l'article précédent, les septième, huitième, neuvième et dixième noms sortans, désignent les juges suppléans.

Art. 26. Le Tribunal d'Appel fait dresser procès-verbal du tirage au sort mentionné aux deux articles ci-dessus, et en expédie une copie au Conseil d'Etat, qui pourvoit à l'exécution.

Art. 27. Les juges, à quelque catégorie qu'ils appartiennent, entrent en fonctions au 1er Janvier.

Art. 28. En cas de vacance extraordinaire, le Directeur des débats en avise le Tribunal d'Appel.

S'il s'agit d'un juge appartenant à la catégorie *a*, le Tribunal d'Appel, dans la quinzaine dès l'avis reçu, fait passer sa présentation au Conseil d'Etat, qui la soumet avec la sienne au Grand Conseil, dans sa plus prochaine session.

S'il s'agit d'un juge appartenant à la catégorie *b*, le premier suppléant le remplace. Le Tribunal d'Appel pourvoit ensuite, dans la quinzaine, au remplacement de ce suppléant, en se conformant à ce qui est prescrit à l'article 24.

S'il s'agit d'un juge appartenant à la catégorie *c*, le premier suppléant le remplace.

Le Tribunal d'Appel, aussi dans la quinzaine, met dans une urne les noms restans des juges, qui avaient concouru à la formation de cette catégorie, et le nom sortant désigne le nouveau suppléant.

Le juge ainsi nommé remplace au Tribunal criminel le juge qui y fait vacance, pour le temps durant lequel il devait encore en être membre. Il prend rang dans sa catégorie d'après la date de son élection.

Art. 29. Les juges des catégories *b* et *c* ne peuvent être dispensés d'accepter leur place que sur des motifs graves reconnus tels par le Tribunal d'Appel. Dans ce cas, ils sont de suite remplacés. Toutefois, si un des juges de la catégorie *b*, qui a déjà été pendant deux ans consécutifs membre du Tribunal criminel, y est immédiatement rappelé. Il peut, pendant un temps égal, refuser d'en faire partie.

Art. 30. Les juges remplaçans, qui n'auraient pas encore prêté serment, sont assermentés à l'audience par le Directeur des débats.

Art. 31. Les juges aux Tribunaux criminels, article 21 lettre *a*, doivent :

a) Etre citoyens vaudois, âgés de 30 ans et domiciliés depuis deux ans dans le Canton.

Ils doivent, de plus,

b) Etre ou avoir été, ou membres du Tribunal d'Appel, ou Procureur Général, ou professeur en droit à l'Académie de Lausanne, ou avocats en Cour d'appel, ou

ou gradués docteurs, ou licenciés en
droit, soit à l'Académie de Lausanne,
soit à l'étranger.

Toutefois les docteurs et les licenciés en
droit ne sont éligibles en cette qualité qu'autant qu'ils ont pratiqué au barreau pendant
trois ans sous la direction d'un avocat en Cour
d'Appel.

c) Etre, ou avoir été pendant cinq ans,
ou membres du Conseil d'Etat, ou greffier
du Tribunal d'Appel, ou membres ou
greffier d'un Tribunal de district, ou
substitut du Procureur Général, ou
greffier du Tribunal d'Accusation, ou
juges d'instruction, ou juges de paix.

Art. 32. Les juges de la première catégorie, doivent fixer leur domicile, dans
l'arrondissement pour lequel ils ont été
nommés.

Art. 33. Les fonctions de juges de la première catégorie sont incompatibles avec toutes
fonctions publiques autres que celles de membre d'une autorité communale.

Elles sont pareillement incompatibles avec
la profession d'avocat, ou celle de procureur
juré, mais elles n'excluent point l'exercice
du notariat

Art. 34. Les suppléans de la première
catégorie ne peuvent être agens du pouvoir
exécutif, ni employés révocables par le Conseil d'Etat.

Art. 35. Les parens et alliés en ligne directe, les parens en ligne collatérale jusqu'au quatrième degré inclusivement, et les alliés en ligne collatérale jusqu'au troisième degré inclusivement ne peuvent être simultanément membres du Tribunal criminel.

Les juges de la première catégorie et leurs suppléans excluent ceux de la seconde et de la troisième; et ceux de la seconde catégorie excluent ceux de la troisième.

Une alliance venant à se former entre les juges d'une même catégorie, dans les degrés ci-dessus indiqués, celui qui donne lieu à cette alliance résigne sa place.

Art. 36. Les parens et alliés en ligne directe, et les parens et alliés dans la ligne collatérale jusqu'au troisième degré inclusivement, ne peuvent être simultanément Directeur des débats ou substitut de ce Directeur et juge au Tribunal criminel.

En cas de parenté ou d'alliance au degré ci-dessus entre le Directeur des débats et son substitut et l'un des juges au Tribunal criminel de la seconde et de la troisième catégorie, c'est le juge qui se retire.

Une alliance venant à se former aux degrés ci-dessus indiqués entre les fonctionnaires dont il s'agit, celui qui donne lieu à cette alliance doit résigner sa place.

Toutefois si l'alliance survient entre le Directeur des débats ou son substitut et l'un des juges au Tribunal criminel de la seconde ou de la troisième catégorie, ces magistrats conservent leur place, mais les juges se retirent et sont remplacés par le sort.

Art. 37. En cas de récusation ou d'empêchement, le remplacement du juge criminel se fait :

1° Pour le juge de la première catégorie, par un tirage au sort entre les trois suppléans de cette catégorie.

2° Pour le juge de la seconde catégorie, par l'un des deux suppléans désignés pour cette catégorie.

3° Pour le juge de la troisième catégorie, par l'un des quatre suppléans désignés pour cette catégorie.

Lorsque les suppléans de ces diverses catégories sont absorbés, le Tribunal criminel pourvoit lui même à leur remplacement. Son choix ne peut porter sur un agent révocable par le pouvoir exécutif.

Art. 38. Les juges aux Tribunaux criminels de la première catégorie et leurs suppléans sont assermentés, à huis ouverts, en présence du Tribunal d'Appel, par un membre du Conseil d'Etat délégué à cet effet, suivant la formule qui se trouve à l'article 41.

Les juges aux Tribunaux criminels des seconde et troisième catégories et leurs suppléans ne prêtent pas de nouveau serment.

Art 39. Le Tribunal criminel a pour greffier, le greffier du Tribunal du district où il s'assemble. Il est servi par les huissiers du même Tribunal.

Art. 40. Le greffier et les huissiers ne prêtent pas de nouveau serment.

Art. 41. A la formule générale du serment, on ajoutera pour les juges aux Tribunaux criminels :

« Je jure de plus, quant à mes fonctions,
» de les exercer en toute conscience, et de
» remplir fidèlement les devoirs qui me sont
» imposés par les lois et par les règlemens re-
» latifs à mon office. »

CHAPITRE V.

Des Tribunaux correctionnels.

Art. 42. Les Tribunaux de district remplissent les fonctions de Tribunaux correctionnels.

Art. 43. Chaque Tribunal nomme trois suppléans, qui ne peuvent être choisis parmi les agens révocables du pouvoir exécutif.

Ils sont nommés pour deux ans et sont rééligibles.

Ils sont assermentés par le Tribunal de district.

Art. 44. Lorsque la liste des suppléans est épuisée, le Tribunal pourvoit au remplacement pour chaque cas particulier. Son choix ne peut porter sur un agent révocable du pouvoir exécutif. Il assermente le suppléant ainsi nommé.

CHAPITRE VI.

Des Tribunaux de police.

Art. 45. Le Tribunal de police se compose du président du Tribunal de district et de deux autres membres du même Tribunal, dont l'un est désigné par le sort et l'autre nommé au scrutin par le Tribunal à la majorité absolue des suffrages.

Ces juges sont en place pour deux ans. Il en sort un chaque année. A la fin de la première année le sort désignera entr'eux celui qui doit sortir. Ils sont rééligibles.

Art. 46. Le Tribunal de police a, pour greffier, le greffier du Tribunal du district. Il est servi par les huissiers du même Tribunal. Il siège au chef-lieu du district.

Art. 47. Le président du Tribunal de police a pour suppléant le vice-président du Tribunal de district, soit que celui-ci fasse partie du Tribunal de police, soit qu'il n'en fasse pas partie.

Le Tribunal de police a, d'ailleurs, deux suppléans, dont l'un, désigné par le sort, est suppléant du juge désigné par le sort, et l'autre, nommé par le Tribunal de district, est suppléant du juge ainsi nommé.

Cette nomination a lieu en même temps que celle des juges du Tribunal de police.

Lorsque la liste des suppléans est épuisée, le Tribunal pourvoit au remplacement pour chaque cas particulier. Son choix ne peut tomber sur un agent révocable du pouvoir exécutif. Il assermente lui-même le suppléant ainsi nommé.

CHAPITRE VII.

Dispositions communes aux Tribunaux criminels, correctionnels et de police.

Art. 48. Le costume des juges, lorsqu'ils sont assemblés, est l'habillement noir.

Art. 49. Il y a, dans chaque greffe de district, un registre pour les causes criminelles, un registre pour les causes correctionnelles et un registre pour les affaires de police.

Art. 50. La commune du chef-lieu de district fournit aux Tribunaux criminels, correctionnels et de police les salles de séance nécessaires; une chambre pour réunir les témoins, une autre pour les parties et les défenseurs et une troisième où le Directeur des débats et l'officier du ministère public se retirent, quand ils quittent l'audience; le bois nécessaire pour chauffer ces salles et ces chambres, ainsi que l'ameublement et l'éclairage.

Ces emplacemens ne peuvent être désignés dans une auberge.

A défaut par les communes d'exécuter cet article, il y est pourvu à leurs frais par le Conseil d'Etat.

1835.

PROJET DE LOI ORGANIQUE

SUR LE DIRECTEUR DES DÉBATS, SON SUBSTITUT, ET SUR LES JUGES D'INSTRUCTION.

LE GRAND-CONSEIL

DU

CANTON DE VAUD,

VU LE PROJET DE LOI PRÉSENTÉ PAR LE

CONSEIL D'ÉTAT,

DÉCRÈTE:

CHAPITRE Iᵉʳ.

Du Directeur des débats et de son Substitut.

ARTICLE Iᵉʳ. Il y a un Directeur auquel appartient la direction des débats dans les procédures criminelles.

ART. 2. Il y a un Substitut du Directeur des débats. Ce Substitut remplace le Directeur, chaque fois que celui-ci ne peut pas agir lui-même.

ART. 3. Dans le cas où le Directeur des débats et son Substitut ne peuvent pas fonc-

tionner, il leur est nommé un ou plusieurs
suppléans par le Tribunal d'Appel.

Ces suppléans ne peuvent être choisis parmi les agens ou les employés révocables du
Pouvoir exécutif.

ART. 4. Le Directeur des débats et son
Substitut sont nommés par le Grand-Conseil,
sur deux présentations en nombre double,
pour chacun de ces deux magistrats, faites
l'une par le Conseil d'Etat, l'autre par le
Tribunal d'Appel. Les deux corps peuvent
présenter les mêmes candidats.

Le Tribunal d'Appel transmet sa liste au
Conseil d'Etat.

Le Directeur des débats et son Substitut
sont en place pour six ans, et sont toujours
rééligibles.

ART. 5. Le Directeur des débats et son
Substitut doivent être citoyens du Canton,
âgés de 3o ans révolus, et domiciliés depuis
deux ans dans le Canton.

ART. 6. Les fonctions de Directeur des
débats et celles de son Substitut sont incompatibles avec toute autre fonction publique.

ART. 7. Le Directeur des débats ne peut
exercer les professions d'Avocat et de Procureur juré, ni celle de Notaire.

ART. 8. Le Directeur des débats et son
Substitut sont exemptés du service militaire.

ART. 9. Le Directeur des débats a pour
Greffier celui du Tribunal de District dans
le ressort duquel le Tribunal criminel s'as-

semble. Il a pour huissiers ceux du Tribunal du même District.

Le Directeur des débats et son Substitut sont assermentés à huis ouverts, en présence du Tribunal d'Appel, par un membre du Conseil d'Etat délégué à cet effet.

A la formule générale du serment on ajoute :

« Je jure de plus, quant à mes fonctions, » de les exercer en toute conscience, et de » remplir fidèlement tous les devoirs qui me » sont imposés par les lois et par les règle- » mens relatifs à mon office. »

ART. 10. Le Directeur des débats et son Substitut ne peuvent s'absenter plus de 3 jours de leur domicile, sauf pour affaires d'office, sans en prévenir le Tribunal d'Accusation.

Si l'absence doit se prolonger plus de huit jours, ils demandent l'autorisation du Conseil d'Etat.

ART. 11. Le costume du Directeur des débats et de son Substitut, lorsqu'ils fonctionnent, est l'habillement noir.

CHAPITRE II.

Des Juges d'instruction.

ART. 12. Il y a dans le Canton six Juges d'instruction, chargés spécialement de faire les enquêtes en matière criminelle et correctionnelle.

ART. 13. Chaque Juge d'instruction fonctionne dans un arrondissement spécial.

A cet effet, le Canton est divisé en six arrondissemens, savoir :

Le premier, comprenant les Districts d'Avenches, de Payerne, de Moudon et d'Oron.

Le second, comprenant les Districts de Grandson, d'Yverdon et d'Echallens.

Le troisième, comprenant les Districts de Vevey, d'Aigle et du Pays-d'Enhaut.

Le quatrième, comprenant les Districts d'Orbe, de Cossonay et de la Vallée.

Le cinquième, comprenant les Districts de Morges, d'Aubonne, de Rolle et de Nyon.

Le sixième, comprenant les Districts de Lausanne et de Lavaux.

Chaque Juge d'instruction doit résider dans l'arrondissement pour lequel il a été nommé. Néanmoins, un Juge d'instruction peut être employé dans un autre arrondissement, et cela sur l'ordonnance du Tribunal d'Accusation.

ART. 14. Les Juges d'instruction ont pour Greffier celui de la Justice de Paix du Cercle où ils fonctionnent. Ils sont servis par les huissiers de la même Justice.

ART. 15. Le Greffier reste dépositaire des procès-verbaux de l'enquête préliminaire.

ART. 16. Les Juges d'instruction envoient chaque mois au Procureur-Général le tableau des enquêtes faites ou commencées par eux.

ART. 17. Ils sont chargés de la surveillance et de l'inspection des prisons et des chambres d'arrêt qui se trouvent dans les chefs-lieux de Cercles et de Districts.

Ils veillent à ce que les Communes, chargées par les lois de l'entretien des prisons et des fournitures des prisonniers, s'acquittent convenablement de cette obligation. Ils dénoncent au Préfet les Municipalités qui sont en défaut à ce sujet.

Les dispositions de cet article ne dérogent en rien à la sur-inspection des prisons, attribuée aux Préfets par l'art. 22 de la loi du 9 Janvier 1832.

ART. 18. Les Juges d'instruction sont nommés par le Conseil d'Etat, sur une présentation triple du Tribunal d'Appel. Ils sont en place pour six ans et rééligibles.

Le Tribunal d'Appel transmet sa liste de présentation au Conseil d'Etat dans les dix derniers jours de Novembre. Le Conseil d'Etat procède à l'élection, à la vérification des conditions d'éligibilité et à l'assermentation dans le mois de Décembre. Les Juges d'instruction nouvellement nommés entrent en fonctions le 1er. Janvier qui suit leur élection.

En cas de vacance extraordinaire, le Tribunal d'Appel transmet sa liste de présentation au Conseil d'Etat, dans les 15 jours qui suivent la vacance.

Le Conseil d'Etat procède à l'élection, à la vérification des conditions d'éligibilité et à l'assermentation, dans les 15 jours qui suivent l'envoi de la présentation du Tribunal d'Appel. Le Juge d'instruction nouvellement nommé entre en fonctions immédiatement après son assermentation.

ART. 19. Les Juges d'instruction doivent être citoyens Vaudois, âgés de 25 ans révolus, et domiciliés depuis deux ans dans le Canton.

ART. 20. Les fonctions de Juge d'instruction sont incompatibles avec toute fonction publique, autres que celles de membres du Grand-Conseil ou d'une autorité communale.

ART. 21. Les Juges d'instruction sont exemptés du service militaire.

ART. 22. Les Juges d'instruction né peuvent s'absenter plus de 3 jours de leur arrondissement sans en prévenir le Tribunal d'Accusation.

Si l'absence doit se prolonger plus de 8 jours, ils demandent l'autorisation de ce Tribunal.

ART. 23. Les Juges d'instruction sont assermentés à huis ouverts, en présence du Tribunal d'Appel, par un membre du Conseil d'Etat délégué à cet effet.

Ils prêtent le même serment que le Directeur des débats et son Substitut (art. 9).

CHAPITRE III.

Des Geôliers.

ART. 24. Les Geôliers des prisons de District et des chambres d'arrêt de Cercles, sont nommés par le Conseil d'Etat, sur une présentation double faite par le Juge d'instruction.

Ils peuvent être révoqués par le Conseil d'Etat, sur le préavis du Juge d'instruction.

ART. 25. Les Geôliers sont sous la surveillance du Juge d'instruction, et reçoivent des ordres de ce fonctionnaire, en ce qui concerne les prévenus en état d'arrestation.

Ils sont sous la surveillance du Directeur des débats et de son Substitut, et reçoivent leurs ordres, en ce qui concerne les accusés détenus.

Ils sont sous la surveillance du Préfet, et reçoivent ses ordres, en ce qui concerne les condamnés détenus.

ART. 26. Les Geôliers sont assermentés par le Préfet du District, d'après la formule indiquée à l'article 9.

CHAPITRE IV.

Dispositions communes au Directeur des débats, à son Substitut, et aux Juges d'instruction.

ART. 27. Il ne peut exister aucune parenté ni aucune alliance dans la ligne collatérale, jusqu'au 3e. degré inclusivement :

Entre le Directeur des débats ou son Substitut et les Juges au Tribunal criminel ;

Entre le Directeur des débats ou son Substitut et le Procureur-Général ;

Entre le Directeur des débats ou son Substitut et les Substituts du Procureur-Général;

Entre le Procureur-Général et les Juges d'instruction;

Entre les Substituts du Procureur-Général et le Juge d'instruction dans le même arrondissement.

Art. 28. En cas de parenté ou d'alliance au degré ci-dessus entre le Directeur des débats ou son Substitut et l'un des Juges au Tribunal criminel de la seconde et de la troisième catégorie, c'est le Juge qui se retire.

Une alliance venant à se former aux degrés ci-dessus indiqués entre les fonctionnaires dont il s'agit, celui qui donne lieu à cette alliance doit résigner sa place.

Toutefois, si l'alliance survient entre le Directeur des débats ou son Substitut et l'un des Juges au Tribunal criminel de la seconde et de la troisième catégorie, ces magistrats conservent leur place, mais les Juges se retirent et sont remplacés par le sort.

1835.

PROJET DE LOI ORGANIQUE
SUR LE MINISTÈRE PUBLIC.

LE GRAND-CONSEIL
DU
CANTON DE VAUD,
VU LE PROJET DE LOI PRÉSENTÉ PAR LE
CONSEIL D'ÉTAT,

Vu l'art. 60 de la Constitution, portant : « Le Ministère public auprès des Tribunaux sera organisé par la loi. »

DÉCRÉTE :

Dispositions générales.

ARTICLE 1ᵉʳ. Le Ministère public est exercé par le Procureur-Général et par ses Substituts.

ART. 2. La Loi détermine les fonctions du Ministère public en matière pénale et en matière civile.

ART. 3. Le Procureur-Général et ses Substituts sont sous la surveillance du Conseil d'Etat.

Art. 4. Le Procureur-Général et ses Substituts sont exemptés du service militaire.

Art. 5. Il ne peut exister aucune parenté
ni aucune alliance en ligne directe, non plus
qu'aucune parenté ni alliance dans la ligne
collatérale, jusqu'au troisième degré inclusivement.

Entre le Procureur-Général et les membres
et le Greffier du Tribunal de Cassation ;

Entre le Procureur-Général et les membres
et le Greffier du Tribunal d'Accusation ;

Entre le Procureur-Général et le Directeur
des débats ou le Substitut de ce Directeur ;

Entre le Procureur - Général et ses Substituts ;

Entre le Procureur-Général et les Juges
d'instruction ;

Entre les Substituts du Procureur-Général
et le Directeur des débats ou le Substitut de
ce Directeur ;

Entre le Substitut du Procureur-Général et
le Juge d'instruction dans le même arrondissement.

Une alliance venant à se former aux degrés
ci-dessus indiqués, entre les fonctionnaires
dont il s'agit, celui qui donne lieu à cette alliance doit résigner sa place.

Art. 6. Le costume des officiers du Ministère public, lorsqu'ils sont en fonctions, est
l'habillement noir.

CHAPITRE I.

Du Procureur-Général.

ART. 7. Le Procureur-Général est nommé par le Conseil d'Etat.

Il peut être révoqué.

ART. 8. Le Procureur-Général ne peut exercer aucune autre fonction publique, excepté celle de membre du Grand-Conseil.

Il ne peut pas exercer les professions d'Avocat et de Procureur juré, ni celle de Notaire.

ART. 9. Le Procureur-Général doit résider au chef-lieu du Canton.

Il ne peut s'absenter plus de huit jours de son domicile, sans la permission du Conseil d'Etat.

Il prévient le Département de Justice et Police des absences qui dureraient plus de trois jours.

ART. 10. Le Procureur-Général dirige ses Substituts. Néanmoins il ne peut pas leur prescrire les conclusions à prendre lors du jugement au fond.

Il surveille les Juges d'instruction et les Juges de Paix dans les attributions qui leur sont conférées, comme juges d'information. Il présente au Tribunal d'accusation ses observations sur la manière dont ces magistrats s'acquittent de leurs fonctions.

Il fonctionne devant les Tribunaux d'accusation et de cassation.

Le Procureur-Général peut, sur l'ordre du

Conseil d'Etat, être employé dans toutes les parties du Canton, et fonctionner devant les Tribunaux.

Art. 11. Dans le cas où le Procureur-Général est empéché, il peut se faire remplacer momentanément, pour une affaire spéciale, par un de ses Substituts. Si l'empéchement doit se prolonger, le Conseil d'Etat lui désigne un remplaçant, pour le temps que durera l'empéchement.

Art. 12. Le Procureur-Général se fait donner, tous les mois, par les Juges d'instruction, un tableau des enquêtes faites ou commencées par eux. Il le transmet au Tribunal d'Accusation, avec ses observations, s'il y a lieu.

Art. 13. Le Procureur-Général a un secrétaire, nommé, sur son préavis, par le Conseil d'Etat.

Ce secrétaire peut être révoqué.

Art. 14. Le bureau du Procureur-Général est desservi par les huissiers du Tribunal d'Appel.

Art. 15. Le Procureur-Général est assermenté à huis ouverts devant le Tribunal d'Appel, par un membre du Conseil d'Etat délégué à cet effet.

A la formule générale du serment, on ajoute :

« Je jure de plus, quant à mes fonctions, » de les exercer en toute conscience, et de » remplir fidèlement tous les devoirs qui me

» sont imposés par les lois et par les règlemens
» relatifs à mon office. »

Art. 16. Le secrétaire du Procureur-Général prête le même serment, devant le Préfet du District de Lausanne.

CHAPITRE II.

Des Substituts du Procureur-Général.

Art. 17. Les Substituts sont nommés par le Conseil d'Etat sur un préavis du Procureur-Général.

Ils peuvent être révoqués.

Art. 18. La place de Substitut du Procureur-Général est incompatible avec toute fonction judiciaire. Les Substituts ne peuvent pas exercer la profession d'Avocat, ni celle de Procureur juré.

Art. 19. Les Substituts du Procureur-Général sont au nombre de six.

Chacun d'eux fonctionne dans un arrondissement spécial.

A cet effet, le Canton est divisé en six arrondissemens, savoir :

Le premier, comprenant les Districts d'Avenches, de Payerne, de Moudon et d'Oron (10 Cercles. — 29,078 ames).

Le second, comprenant les Districts de Grandson, d'Yverdon et d'Echallens (10 Cercles. — 29,851 ames).

Le troisième, comprenant les Districts de Vevey, d'Aigle et du Pays-d'Enhaut (11 Cercles. — 29,684 ames).

(6)

Le quatrième, comprenant les Districts
d'Orbe, de Cossonay et de La Vallée (10
Cercles. — 26,654 ames).

Le cinquième, comprenant les Districts de
Morges, d'Aubonne, de Rolle et de Nyon
(13 Cercles. — 33,411 ames).

Le sixième, comprenant les Districts de
Lausanne et de Lavaux (6 Cercles. — 29,042
ames).

Chaque Substitut doit résider dans l'arrondissement pour lequel il a été nommé.

ART. 20. Les Substituts ne peuvent s'absenter plus de trois jours de leur arrondissement, sans y être autorisés par le Procureur-
Général, ni plus de quinze jours, sans une
permission du Conseil d'Etat.

ART. 21. Le Substitut de l'arrondissement
N°. 3, a un adjoint chargé de fonctionner à
son défaut devant les Tribunaux correctionnels et de police du District du Pays-d'Enhaut.

Le Substitut de l'arrondissement N°. 4, a
un adjoint chargé de fonctionner à son défaut
devant les Tribunaux correctionnels et de police du District de La Vallée.

Chacun de ces adjoints est sous la surveillance spéciale et sous la direction du Substitut
de l'arrondissement dont il est ressortissant.

Ces adjoints sont nommés par le Conseil
d'Etat, sur le préavis du Procureur-Général.
Ils peuvent être révoqués.

Ils sont tenus de résider dans le District
pour lequel ils ont été nommés.

Ils ne peuvent exercer la profession de Procureur juré. Ils ne peuvent non plus exercer la profession d'Avocat dans le District pour lequel ils ont été nommés.

Ils sont assermentés par le Préfet de leur District, et ils prêtent le même serment que le Procureur-Général.

Art. 22. Les Substituts du Procureur-Général prennent les conclusions devant les Tribunaux criminels, correctionnels et devant les Tribunaux de police, s'il y a lieu.

Ils remplissent, sous la direction du Procureur-Général, les diverses fonctions qui, d'après les lois, sont du ressort du Ministère public.

Art. 23. En cas d'empêchement d'un Substitut, le Conseil d'Etat peut lui nommer un suppléant *ad-hoc* sur la demande du Procureur-Général.

Dans ces mêmes cas, le Procureur-Général peut employer le Substitut d'un autre arrondissement en remplacement de celui qui est empêché. Le Procureur-Général peut aussi fonctionner lui-même.

Art. 24. Le Conseil d'Etat peut aussi, pour un cas déterminé, charger un Substitut de fonctionner dans un autre arrondissement que celui qui lui est assigné.

Art. 25. Les Substituts sont assermentés à huis ouverts devant le Tribunal d'Appel, par un membre du Conseil d'Etat, délégué à cet effet.

Ils prêtent le même serment que le Procureur-Général.

Art. 26. Les suppléans mentionnés au §. premier de l'art. 23 , sont assermentés par le Préfet de leur domicile.

Ils prétent le même serment que le Procureur-Général.

1835.

PROJET

DE CODE DE PROCÉDURE PÉNALE.

LE GRAND-CONSEIL

DU

CANTON DE VAUD,

VU LE PROJET DE LOI PRÉSENTÉ PAR LE

CONSEIL D'ÉTAT,

DÉCRÈTE:

TITRE PRÉLIMINAIRE.

Dispositions générales.

CHAPITRE Iᵉʳ.

Dispositions préliminaires.

ARTICLE 1ᵉʳ. Aucune peine ne peut être infligée que par une autorité compétente, en application d'une loi, et suivant les formes légales.

ART. 2. Nul ne peut être poursuivi ou arrêté que dans les cas prévus par la loi et selon les formes qu'elle prescrit. (Const., art. 4.)

Art. 3. Aucune visite domiciliaire ne peut avoir lieu que dans les cas prévus par la loi, et dans les formes qu'elle prescrit. (Constit., art. 5.)

Art. 4. Il ne peut être dirigé de poursuites qu'au sujet de délits commis postérieurement à la promulgation de la loi pénale.

Les poursuites commencées en vertu d'une loi pénale, cessent lorsque cette loi vient à être abrogée, à moins que la nouvelle loi, abrogeant l'ancienne, ne maintienne le fait en question au nombre des délits.

Art. 5. Tout délit commis sur le territoire du Canton de Vaud, est recherché et puni conformément aux lois Vaudoises.

Art. 6. L'action pour l'application des peines, n'appartient qu'aux fonctionnaires auxquels elle est attribuée par la loi. Elle s'exerce d'office et sans qu'il soit besoin d'une plainte ou d'une dénonciation, sauf dans les cas spécialement réservés par les lois.

L'action en réparation du dommage causé par un délit, peut être exercée par tous ceux qui ont souffert ce dommage.

Art. 7. L'action publique s'éteint par la mort du prévenu, et les frais restent à la charge de l'Etat. L'action civile en dommages-intérêts peut être exercée contre les représentans du défunt.

L'une et l'autre action s'éteignent par la prescription.

Art. 8. L'action civile en dommages-inté-

(3)

rêts est poursuivie en même temps et devant
les mêmes Juges que l'action publique.

Toutefois, elle peut l'être séparément devant les Tribunaux civils. Dans ce cas, l'exercice en est suspendu jusqu'après le jugement
de l'action publique.

ART. 9. La renonciation à l'action civile
n'entraîne pas la cessation ou la suspension
de l'action publique.

ART. 10. L'action criminelle pour délit
de suppression d'état, ne peut commencer
qu'après le jugement définitif sur la question
d'état.

ART. 11. Dans tout autre cas le Juge en
matière pénale décide si la question qui se
présente incidemment doit être préalablement portée devant les Tribunaux civils ou
non.

ART. 12. Il n'y a ni vacances ni féries en
matière de poursuite pénale.

Le Juge ne procède les dimanches et les
jours de fêtes qu'en cas d'urgence.

ART. 13. Tout individu légalement acquitté d'un délit, ne peut plus être poursuivi
pour le même fait.

Si toutefois ce délit entraîne, au maximum,
une peine d'au moins dix ans de réclusion,
une seconde enquête peut avoir lieu, mais
seulement lorsque de nouveaux indices sont
découverts.

Cette enquête ne peut plus être commencée

après une année, à dater du jour du premier jugement.

ART. 14. L'extradition d'un Vaudois ou d'un étranger ne peut être demandée ou accordée que sous l'autorité du Conseil d'Etat.

CHAPITRE II.

Du For.

ART. 15. Le for ordinaire, soit pour l'instruction préliminaire, soit pour le jugement, est celui du lieu où le délit a été commis.

ART. 16. Lorsque le même individu est prévenu d'avoir commis plusieurs délits en différens lieux du Canton, si ces délits sont de même espèce, le Juge le premier nanti commence et termine l'instruction relative à ces divers délits. Le Tribunal d'Accusation fixe, dans ce cas, le for du jugement.

Si les délits sont d'espèces différentes, l'instruction appartient au Juge dans le ressort duquel le délit le plus grave a été commis. Il en est de même pour le for du jugement.

ART. 17. Tout Vaudois qui s'est rendu coupable, hors du territoire du Canton, d'un délit, puni d'après les lois Vaudoises par dix ans de réclusion ou par une peine plus sévère, peut être poursuivi, jugé et puni dans le Canton, s'il n'a pas déjà été jugé définitivement en pays étranger pour le même fait.

ART. 18. Quiconque s'est rendu coupable, hors du territoire du Canton, d'un attentat à la sûreté de l'Etat, de contrefaçon du sceau des autorités supérieures de l'Etat, ou des monnaies nationales ayant cours légal, peut être poursuivi et jugé dans le Canton, d'après les lois Vaudoises.

ART. 19. Lorsqu'il s'agit d'un délit commis hors du Canton, dans les cas énoncés aux articles 17 et 18, les fonctions mentionnées à l'art. 29 sont remplies par le Juge d'instruction dans le ressort duquel le prévenu est domicilié, à moins que le Tribunal d'Accusation n'en ordonne autrement.

Si le prévenu n'a pas de domicile dans le Canton, le Tribunal d'Accusation désigne, sur la demande du Procureur Général ou d'office, le Juge d'instruction qui doit faire l'enquête.

ART. 20. S'il y a conflit entre deux ou plusieurs Juges d'instruction sur la question de savoir lequel doit faire l'enquête, il en est immédiatement référé au Tribunal d'Accusation, qui prononce sans délai, sur le vu des pièces qui lui sont communiquées par les Juges en conflit.

Avant de rendre sa décision, le Tribunal d'Accusation peut consulter le Procureur Général.

ART. 21. En attendant la décision du Tribunal d'Accusation, l'enquête reste au Juge qui a le premier décerné un mandat.

Si aucun mandat n'a été décerné, l'enquête reste au Juge le plus âgé.

ART. 22. Aussitôt après la décision du Tri-

bunal d'Accusation, les prévenus en état d'arrestation, ainsi que toutes les pièces et tous
les objets relatifs à l'enquête, sont remis entre les mains du Juge reconnu compétent.

LIVRE PREMIER.

DE LA POLICE JUDICIAIRE.

ART. 23. La police judiciaire recherche les
délits, en rassemble les preuves et en livre
les auteurs aux Tribunaux chargés de les
punir.

TITRE Ier.

Des Officiers chargés de l'exercice de la police judiciaire.

ART. 24. La police judiciaire est exercée,
sous l'autorité du Tribunal d'Accusation:

Par le Procureur Général et ses Substituts;
Par les Juges d'instruction;
Par les Juges de Paix;
Par les Préfets;
Par les Syndics;
Par les Gardes-champêtres, les Gardes-
forestiers, les Gendarmes, les Inspecteurs,
Commissaires et Gardes de police, ainsi que
par tous les autres fonctionnaires auxquels la
loi accorde ce droit.

CHAPITRE Ier.

Du Procureur Général et de ses Substituts.

ART. 25. Dans l'instruction du procès, le Procureur Général et ses Substituts n'ont que le droit de réquisition.

ART. 26. Ils ont le droit de requérir les Juges d'instruction de commencer une enquête, en déterminant les faits sur lesquels l'information doit être dirigée.

Ils ont de plus, en tout état de cause, et jusqu'à la clôture définitive de l'enquête préliminaire, le droit de demander communication de cette enquête, d'en requérir le complément et la régularisation, et de faire sur son contenu toute réquisition qu'ils jugent convenable.

S'il n'est pas fait droit aux réquisitions mentionnées dans cet article, les Substituts en réfèrent au Procureur Général, qui peut recourir au Tribunal d'Accusation.

ART. 27. Les Substituts du Procureur Général fonctionnent chacun dans l'arrondissement qui lui est assigné par la loi.

Toutefois, le Procureur Général peut les employer dans toutes les parties du Canton, conformément à la loi.

ART. 28. Le Conseil d'Etat surveille le Procureur Général et ses Substituts; il leur donne au besoin des directions.

Il a le droit de les inviter à requérir des

poursuites judiciaires, mais il ne peut ni arrêter ni suspendre le cours des enquêtes; il ne peut pas non plus prescrire à ces fonctionnaires les conclusions à prendre, lors du jugement au fond.

CHAPITRE II.

Des Juges d'instruction.

Art. 29. Les Juges d'instruction sont chargés de la recherche et de la poursuite de tous les délits dont la répression appartient aux Tribunaux criminels et correctionnels. Ils sont essentiellement chargés de recevoir les plaintes et les dénonciations, de procéder à l'enquête préliminaire, et notamment de décerner des mandats de comparution, d'amener, de dépôt et d'arrêt.

Art. 30. Toutes les fois que le Juge d'instruction commence ou délègue une enquête, il en donne avis au Procureur Général, en lui indiquant les faits sur lesquels porte l'enquête.

Art. 31. Chaque Juge d'instruction fonctionne dans l'arrondissement qui lui est assigné par la loi. Le Tribunal d'Accusation peut néanmoins lui donner l'ordre de faire une enquête dans quelque partie du Canton que ce soit.

Art. 32. Le Juge d'instruction peut déléguer l'enquête au Juge de Paix dans le ressort duquel le délit a été commis, mais
seulement

seulement lorsqu'il n'y a pas d'inconvénient à craindre.

Il en prévient alors immédiatement le Tribunal d'Accusation, en lui indiquant le motif de cette délégation et le fait sur lequel porte l'enquête déléguée. Il donne également avis de cette délégation au Procureur Général.

ART. 33. Dans le cas de l'article précédent, le Juge d'instruction peut toujours prendre communication de l'enquête, donner au Juge de Paix délégué des directions auxquelles celui-ci doit se conformer, et même reprendre à lui l'enquête, en en donnant avis au Tribunal d'Accusation et au Procureur Général.

ART. 34. Le Juge d'instruction est récusable, dans les cas mentionnés à l'art. 249.

ART. 35. Chaque fois que le Juge d'instruction se trouve dans l'un des cas de récusation mentionnés à l'article précédent, ou qu'il est empêché par maladie ou pour cause majeure, il en prévient immédiatement le Tribunal d'Accusation.

Lorsque l'affaire n'est pas grave, il indique en même temps le nom du Juge qu'il a délégué.

Lorsque l'affaire est grave, le Tribunal d'Accusation désigne le Juge qui doit faire l'enquête.

ART. 36 En attendant la décision du Tribunal d'Accusation, le Juge d'instruction

empêché ou récusé, délègue les opérations
préliminaires et indispensables de l'enquête
au Juge de Paix dans le ressort duquel le
délit a été commis, ou même, suivant les
circonstances, au Juge d'instruction le plus
voisin, qui ne peut refuser d'instruire provisoirement. Il donne immédiatement connaissance de cette délégation au Tribunal
d'Accusation et au Procureur Général.

ART. 37. Le Greffier du Juge d'instruction
est récusable dans les mêmes cas que le Juge
d'instruction.

CHAPITRE III.

Des Juges de Paix.

ART. 38. Lorsque le Juge de Paix reçoit
une dénonciation ou une plainte sur un délit
commis dans son Cercle, il transmet immédiatement cette dénonciation ou cette plainte
au Juge d'instruction de l'arrondissement.

ART. 39. Dans le cas de flagrant délit, ou
s'il y a péril dans le retard, le Juge de Paix,
en l'absence du Juge d'instruction, dresse
sur-le-champ procès-verbal du fait et des premiers renseignemens qu'il peut recueillir. Il
reçoit les déclarations des témoins, fait les
visites domiciliaires et les autres opérations
de l'enquête préliminaire; le tout à charge
d'en prévenir immédiatement le Juge d'instruction de l'arrondissement, et en ayant
soin de laisser, autant que possible, les choses dans l'état où il les trouve. Il peut décer-

ner des mandats de comparution, d'amener,
de dépôt et d'arrêt.

Si le Juge d'instruction arrive, le Juge de
Paix lui remet immédiatement son procès-
verbal, et lui communique en outre tous les
renseignemens qu'il a obtenus.

Si le Juge d'instruction n'arrive pas, le
Juge de Paix attend ses directions.

ART. 40. Dans le cas où le Juge de Paix
reçoit, conformément aux articles 46 et
50, un prévenu des mains du Préfet ou du
Syndic, il peut décerner le mandat d'arrêt,
en en prévenant le Juge d'instruction.

ART. 41. Dans le cas où une enquête est
déléguée légalement à un Juge de Paix, articles 32 et 36, ce magistrat remplit toutes
les fonctions de Juge d'instruction relatives
à l'enquête déléguée, dans toute l'étendue de
l'arrondissement du Juge d'instruction. Il demeure toujours, sous sa surveillance, comme
il est dit à l'article 33.

ART. 42. Dans les cas de récusation ou d'empêchement mentionnés aux articles 34 et 35,
le Juge de Paix est remplacé par le premier
Assesseur, celui-ci par le second, et ainsi de
suite. Il en est immédiatement donné avis au
Juge d'instruction de l'arrondissement.

CHAPITRE IV.
Des Préfets.

ART. 43. Lorsqu'un délit a été commis et
qu'il y a urgence, si le Juge d'instruction et

le Juge de Paix sont absens, le Préfet doit
en aviser immédiatement le Juge d'instruction, et dresser sur-le-champ procès-verbal
du fait et des premiers renseignemens qu'il
peut recueillir. Il fait toutes les opérations
indispensables, en ayant soin cependant de
laisser, autant que possible, toutes les choses
dans l'état où il les trouve.

ART. 44. Si le Juge d'instruction arrive
lorsque le Préfet a déjà commencé l'information, ce dernier lui remet immédiatement
son procès-verbal ; il lui communique d'ailleurs tous les renseignemens qu'il a obtenus.

Si le Juge d'instruction n'arrive pas, le
Préfet lui fait parvenir son procès-verbal
dans les 24 heures au plus tard.

ART. 45. Le Préfet a droit de décerner les
mandats de comparution, d'amener et de dépôt ; mais dès qu'il s'est assuré du prévenu, il
doit le remettre au Juge d'instruction ou, au
besoin, au Juge de Paix.

ART. 46. Dans le cas de délit et lorsqu'une
arrestation lui paraît nécessaire sous le rapport de la sûreté et de l'ordre public, le Préfet
peut faire saisir la personne inculpée ; mais il
doit la renvoyer le plus tôt possible et au plus
tard dans les vingt-quatre heures qui suivent
l'arrestation, à l'autorité compétente.

CHAPITRE V.

Des Syndics.

ART. 47. Lorsque le Syndic est averti qu'un délit a été commis, il en prévient immédiatement le Juge d'instruction, ou à son défaut, le Juge de Paix.

ART. 48. S'il y a péril dans le retard, le Syndic doit recueillir sur-le-champ les premières circonstances du fait, surtout celles dont les traces peuvent disparaître. Il en dresse procès-verbal, en ayant soin de laisser, autant que possible, les choses dans l'état où il les trouve; le procès-verbal est remis au Juge d'instruction, ou au Juge de Paix, immédiatement à son arrivée.

ART. 49. S'il n'y a pas péril dans le retard, le Syndic veille soigneusement à ce qu'aucune trace du délit ne disparaisse, et à ce que l'état des choses ne soit pas changé avant l'arrivée du Juge chargé de l'instruction.

ART. 5o. En cas de flagrant délit, le Syndic fait saisir les prévenus, et les fait conduire au Juge d'instruction ou au Juge de Paix du ressort, le plus tôt possible, et au plus tard dans les douze heures, en lui transmettant le procès-verbal.

ART. 51. Lorsque la loi ne prescrit pas une autre marche, le Syndic reçoit les rapports des gardes et agens de la police urbaine et de la police rurale, et les transmet, dans les quarante-huit heures, au magistrat compétent.

Si le Syndic contrevient à cette disposition, il peut être condamné à une amende dans la compétence du Tribunal de police.

Art. 52. Ces rapports sont, ou présentés par écrit, ou affirmés devant le Syndic. Dans le premier cas, le Syndic inscrit sur un registre, destiné à cet usage, le jour et l'heure de la réception; dans le second cas, le rapport verbal du fait est immédiatement couché sur le registre, en indiquant le jour et l'heure où il a été reçu.

Art. 53. Si le rapport, dont il est parlé à l'art. 51, paraît au Syndic être du ressort de la police Municipale, il le présente à la Municipalité dans les huit jours dès la réception, et lui soumet cette question : Le cas est-il du ressort de la police Municipale? Si la décision est affirmative, il est procédé conformément à la loi sur les fonctions et la compétence des Autorités communales. Si elle est négative, la Municipalité ordonne le renvoi pur et simple du rapport au magistrat compétent.

Ce renvoi est effectué dans les quarante-huit heures, par le Syndic, qui, en cas de contravention, peut être condamné à une amende, comme il est dit à l'art. 51.

Art. 54. Les décisions des Municipalités sur la question de compétence établie à l'article précédent, n'ont point pour effet d'arrêter le cours de la Justice.

Si, par erreur, ces autorités retiennent à elles un cas dont la répression ne leur appar-

tient pas, la décision est alors censée non ave-
nue, et le magistrat compétent procède conformément à la loi.

CHAPITRE VI.

*Des Gardes-champêtres, des Gardes-forestiers,
Gendarmes, Inspecteurs, Commissaires et
Gardes de police, et de tous les autres fonctionnaires auxquels la loi confère des attributions de police judiciaire.*

Art. 55. Les *Gardes-champêtres*, *Gardes-
forestiers*, *Gendarmes*, *Inspecteurs*, *Commissaires* et *Gardes de police*, et tous les autres
fonctionnaires auxquels la loi confère des attributions de police judiciaire, sont chargés
de rechercher, chacun pour l'objet qui les
concerne et conformément aux lois, les délits
et les contraventions de police qui portent
atteinte à l'ordre public, aux lois de police
et aux propriétés rurales et forestières.

Art. 56. Ils dressent des procès-verbaux,
à l'effet de constater la nature, les circonstances, le temps et le lieu du délit ou de la
contravention, ainsi que les preuves et les indices qu'ils ont pu recueillir. Néanmoins les
Inspecteurs, Commissaires et Gardes de police
peuvent faire leur rapport verbalement, comme il est dit à l'article 52.

Art. 57. Ces procès-verbaux et rapports
doivent être remis au Syndic, au plus tard
dans les quarante-huit heures dès la décou-
verte du délit ou de la contravention, à moins

de dispositions contraires de la loi ; et cela, sous peine, s'il y a lieu, d'une amende dans la compétence du Tribunal de police, sans préjudice des mesures administratives qui pourraient être prises.

ART. 58. Les fonctionnaires mentionnés à l'article 55, sont spécialement chargés d'arrêter, s'il y a lieu, tout individu qui serait surpris en flagrant délit.

Ils doivent, en cas d'arrestation, le conduire immédiatement au Juge d'instruction ou au Juge de Paix du ressort, ou, à leur défaut, au Syndic de la Commune. Lorsque les circonstances ne permettent pas cette remise immédiate, ils peuvent confiner préalablement la personne arrêtée dans un lieu de dépôt, à charge de la remettre au magistrat compétent, dans les douze heures au plus tard. Le tout sous peine d'être recherchés en dommages-intérêts, et même d'être poursuivis, s'il y a lieu, pour détention arbitraire.

TITRE II.

Des opérations de l'Enquête préliminaire.

CHAPITRE Ier.

Des motifs qui autorisent le Juge a commencer une enquête.

Art. 59. Le Juge peut commencer une enquête, soit de son propre mouvement et d'office, soit sur la réquisition du Ministère public, soit lorsqu'il reçoit une dénonciation ou une plainte à l'occasion d'un délit commis.

SECTION I.

De la poursuite d'office et du flagrant délit.

Art. 60. En cas de flagrant délit ou lorsque le Juge apprend, de quelque manière que ce soit, qu'un délit a été commis, il doit prendre immédiatement toutes les mesures propres à le constater et à en découvrir les auteurs.

Sont exceptés, les cas où la loi pénale déclare expressément que l'office du Juge ne se déploie qu'ensuite d'une plainte ou d'une dénonciation.

Art. 61. Le délit qui se commet actuellement, ou qui vient de se commettre, est un flagrant délit. Est aussi réputé flagrant délit,

(18)

le cas où le prévenu est poursuivi par la cla-
meur publique, tout comme celui où il est
trouvé nanti d'armes ou d'instrumens devant
faire présumer qu'il est auteur ou complice,
pourvu que ce soit dans un temps voisin du
délit.

ART. 62. En cas de flagrant délit, chaque
citoyen a le droit d'appréhender le délinquant, mais il doit le remettre immédiatement au Juge de Paix, au Préfet ou au Syndic
du ressort.

ART. 63. S'il est apparent qu'il se commet
dans une maison un délit ou un désordre grave, ou si l'on appelle au secours depuis l'inté-
rieur d'une maison, tout agent de police, tout
citoyen même peut s'y introduire pour arrêter la continuation du désordre.

ART. 64. En cas de flagrant délit, le Juge
peut faire saisir et amener devant lui le prévenu, sans qu'il soit besoin d'aucun mandat.

SECTION II.

De la dénonciation.

ART. 65. Toute autorité constituée, tout
fonctionnaire public qui, dans l'exercice de
ses fonctions, acquiert la connaissance qu'un
délit a été commis, est tenu d'en donner sur-
le-champ avis au Juge compétent dans le ressort duquel ce délit a été commis, et de transmettre à ce magistrat tous les renseignemens
qui sont en son pouvoir.

(19)

Si une telle dénonciation est faite par une autorité judiciaire civile, pendant l'instruction du procès-civil, il y a lieu de procéder comme il est dit aux articles 10 et 11.

ART. 66. La dénonciation doit être écrite par le dénonciateur ou par le Juge auquel elle est portée. Dans les deux cas, elle est signée par le Juge et par le dénonciateur.

Si le dénonciateur refuse de signer sa dénonciation, le Juge n'est pas tenu d'y avoir égard. S'il ne sait ou ne veut pas signer, mention en est faite au procès-verbal.

SECTION III.

De la plainte.

ART. 67. Toute personne qui se prétend lésée par un délit, peut en porter plainte au Juge dans le ressort duquel le délit à été commis.

Elle peut, d'ailleurs, se constituer partie civile, ainsi qu'il est dit ci-après.

ART. 68. Les dispositions de l'art. 66 sont applicables aux plaintes.

ART. 69. Le plaignant n'est réputé partie civile que lorsqu'il le déclare formellement ; cette déclaration peut avoir lieu jusqu'à la clôture des débats.

Le plaignant qui s'est porté dans la plainte partie civile, peut se désister dans les huit jours, dès celui de la remise de cette plainte ; dans ce cas, il n'est pas tenu de la peine mentionnée à l'art. 364, et il conserve son droit de recours comme il est dit à l'art. 8.

Si le désistement a lieu plus tard, il peut être condamné à l'amende et il perd son droit de recours.

ART. 70. Toute partie civile qui ne demeure pas dans le Cercle où se fait l'enquête, est tenue d'y élire domicile, par une déclaration au Greffe de Paix du Cercle. Cette déclaration est inscrite sur un registre *ad hoc*. Si la partie civile n'a pas fait élection de domicile, elle ne peut se prévaloir du défaut des significations qui auraient dû lui être faites, conformément à la loi.

ART. 71. Dans le cas où des poursuites ne peuvent être commencées qu'autant qu'une plainte a été portée (art. 60), cette plainte peut être retirée jusqu'à la clôture de l'enquête, à laquelle il n'est alors pas donné suite ; mais le plaignant est chargé des frais.

Le plaignant qui a retiré sa plainte ne peut plus en porter une nouvelle pour le même fait.

SECTION IV.

Dispositions communes aux plaintes et aux dénonciations.

ART. 72. Si la plainte ou la dénonciation a été portée au Juge de Paix et que celui-ci refuse de l'accueillir ou d'y donner suite, le plaignant ou le dénonciateur peut s'adresser au Juge d'instruction de l'arrondissement ;

le Juge de Paix doit donner au plaignant ou au dénonciateur un acte de refus motivé.

Art. 73. Si la plainte ou la dénonciation ayant été portée au Juge d'instruction, celui-ci refuse de l'accueillir ou d'y donner suite, le plaignant ou le dénonciateur peut recourir au Tribunal d'Accusation.

Le Juge d'instruction doit remettre au plaignant ou au dénonciateur un acte de refus motivé.

Art. 74. Le recours au Tribunal d'Accusation s'exerce par l'envoi d'un mémoire accompagné d'une copie de la plainte ou de la dénonciation et de l'acte de refus.

Art. 75. Le Tribunal d'Accusation peut demander le préavis du Procureur Général.

Art. 76. Si le recours est trouvé fondé, le Tribunal d'Accusation donne ordre d'instruire, soit au Juge d'instruction de l'arrondissement, soit au Juge de Paix dans le Cercle duquel le délit a été commis, soit à tout autre Juge d'instruction. Les frais suivent le sort de la cause. Si le recours n'est pas trouvé fondé, le plaignant peut être, par le même arrêt, condamné aux frais du recours. Cette disposition n'est pas applicable au dénonciateur.

CHAPITRE II.

De la manière de constater le délit.

Art. 77. Le premier soin du Juge chargé de l'enquête est de dresser procès-verbal, à l'effet de constater le corps du délit, l'état des lieux, et toutes les circonstances qui lui paraissent propres à établir le fait, et à en bien préciser la nature. A cet effet, il se transporte immédiatement sur le lieu du délit, assisté du Greffier et accompagné de l'huissier.

Art. 78. Le Substitut du Procureur Général doit, autant que possible, être prévenu à temps du moment où cette opération se fera. S'il n'a pu y assister, il a le droit de requérir une nouvelle inspection.

Art. 79. Le Juge peut ordonner que personne ne s'éloigne du lieu où il fonctionne, jusqu'après la clôture du procès-verbal. Tout contrevenant à cette défense peut être déféré par le Juge au Tribunal de police, qui le punit, s'il y a lieu, dans les limites de sa compétence.

Art. 80. Dans le but de constater le délit, le Juge peut aussi appeler toutes personnes présumées en état de donner des éclaircissemens; il reçoit leurs déclarations, qu'elles signent avec le Juge et le Greffier.

Si elles refusent de signer, mention en est

faite au procès-verbal, ainsi que des motifs
du refus.

ART. 81. Le Juge se saisit de tout ce qui
pourrait avoir servi ou avoir été destiné à
commettre le délit, ainsi que de tout ce qui
paraît en avoir été le produit, enfin, de tout
ce qui peut conduire à la manifestation de la
vérité.

Les papiers écrits sont paraphés par le
Juge.

ART. 82. Si le coupable présumé est présent, les objets saisis lui sont présentés, afin
qu'il les reconnaisse et qu'il donne les explications qui lui sont demandées.

ART. 83. Si la nature du délit est telle que
la preuve puisse vraisemblablement être
acquise par les papiers ou autres pièces et
effets en la possession du prévenu, ou d'une
autre personne, le Juge procède à la perquisition de ces objets, comme il est dit au
Chapitre sur les visites domiciliaires.

ART. 84. Il peut se faire accompagner,
au besoin, de personnes présumées, d'après
leur profession, capables d'apprécier la nature et les circonstances du délit.

S'il s'agit d'un fait qui soit du ressort de
la médecine ou de la chirurgie, les experts
sont choisis parmi les officiers de santé désignés par la loi.

Les experts choisis sont préalablement
assermentés.

Les officiers de santé procèdent sous le serment de leur office.

Art. 85. S'il s'agit d'une mort violente, ou d'une mort dont la cause soit inconnue et suspecte, le Juge doit nécessairement faire examiner, en sa présence, le cadavre par un ou deux officiers de santé, comme il est dit à l'article précédent.

Art. 86. Si le cadavre est déjà en terre, le Juge peut faire procéder, en sa présence, à son exhumation.

Lé Substitut du Procureur Général est avisé de cette opération et y assiste.

Avant de faire procéder à l'exhumation, le Juge prend toutes les informations nécessaires pour s'assurer de la place où le cadavre avait été enterré.

Immédiatement après l'exhumation, et avant de remettre le cadavre aux officiers de santé, le Juge constate son identité.

L'examen achevé, le Juge veille à ce que le cadavre soit immédiatement replacé en terre d'une manière décente.

Art. 87. Lorsqu'il s'agit d'un écrit argué de faux, le Juge dresse un procès-verbal détaillé de l'état dans lequel il se trouve, et le signe à toutes les pages, ainsi que la personne qui en fait le dépôt.

Art. 88. Si la pièce est dans un dépôt public ou fait partie des actes conservés par un officier public, le Juge d'instruction ordonne qu'elle soit remise en ses mains ; un procès-
verbal

verbal de dépôt est dressé par lui, lors de l'apport de la pièce, et remis au dépositaire, pour lui servir de décharge.

ART. 89. Si le dépositaire le demande, il lui est remis une copie collationnée de la pièce. Cette copie est signée par le Juge d'instruction et par le dépositaire. Mention est faite des circonstances du dépôt.

ART. 90. Sur la demande du Juge d'instruction, tout dépositaire de pièces de comparaison doit en faire la remise, contre un acte de dépôt; il lui en est expédié, s'il le requiert, une copie attestée.

ART. 91. Dans le cas où la pièce arguée de faux se trouve faire partie d'un registre public ou particulier, le Juge d'instruction peut, suivant les circonstances, se nantir du dit registre, contre une quittance détaillée, ou faire faire par son Greffier une copie exactement figurée de la pièce arguée de faux; cette copie est signée par le dépositaire, et reste entre les mains du Juge. Celui-ci peut toujours, ainsi que le Tribunal criminel, ordonner l'apport du registre, en prenant les précautions nécessaires pour que ce qui doit rester secret le demeure.

ART. 92. Le Juge peut, en cas de nécessité, et lors même que la pièce incriminée devrait en être détruite ou altérée, ordonner les opérations utiles pour constater le faux.

ART. 93. Dans le cas de l'article précédent, et sous peine d'une amende de cinquante francs et de la responsabilité civile, le Greffier doit, avant la remise de la pièce aux experts, en faire une copie parfaitement exacte, et dresser un procès-verbal détaillé de son état. Cette copie est signée par le Juge qui a ordonné l'expertise. Avant la remise aux experts, le Juge s'assure, autant que possible, de la vérité des parties non incriminées du titre. Il est dressé procès-verbal de ces opérations.

ART. 94. En cas de délit dont la peine est graduée d'après la quotité du dommage, le Juge fait opérer, si possible, une taxe par des experts par lui désignés et préalablement assermentés, sauf ce qui est dit à l'art. 305.

ART. 95. Si le Juge a besoin du rapport d'experts, chimistes, écrivains ou autres, il leur demande ce rapport, après les avoir assermentés ou fait assermenter par le Juge de Paix de leur domicile, à moins qu'il ne s'agisse de faits de la nature de ceux pour lesquels ils auraient été assermentés dans leur office.

ART. 96. S'il y a un prévenu, et qu'il soit présent, les noms des experts lui sont communiqués, et il a le droit de les récuser dans les cas prévus aux articles 303 et 304.

Le Juge chargé de l'enquête prononce sur le mérite de la récusation. Il peut y avoir recours au Tribunal d'Accusation. Néanmoins, le Juge peut ordonner qu'il soit procédé à l'expertise, nonobstant le recours.

Dans tous les cas où la récusation est admise par le Tribunal d'Accusation, il est
procédé, autant que possible, à une nouvelle expertise ; la première demeure cependant jointe aux pièces.

ART. 97. Il est dressé procès-verbal de
toutes les opérations mentionnées dans ce
Chapitre. Ce procès-verbal est signé par le
Juge et par le prévenu, s'il est présent.

S'il ne peut ou ne veut signer, mention
en est faite au procès-verbal, ainsi que de
la cause de son refus ou de son empêchement.

ART. 98. Si les opérations mentionnées aux
articles précédens doivent avoir lieu hors du
ressort du Juge chargé de l'enquête, celui-ci
requiert le Juge d'instruction de l'arrondissement où elles doivent se poursuivre, d'y
faire procéder sans retard. Le procès-verbal
en est immédiatement transmis au Juge
chargé de l'enquête.

CHAPITRE III.

Des visites domiciliaires.

ART. 99. Le Juge chargé de l'enquête peut
ordonner une visite domiciliaire, toutes les
fois qu'il estime une pareille opération utile
pour constater le délit ou pour en découvrir
les auteurs.

ART. 100. Aucune visite domiciliaire ne
peut avoir lieu qu'ensuite d'une ordonnance
rendue par le Juge, et qui énonce les per-

sonnes et les objets qui donnent lieu à la visite.

Cette ordonnance est jointe au procès-verbal, et copie en est donnée à celui dont on visite le domicile, s'il le demande.

Par cet article, il n'est pas dérogé aux attributions que la loi peut conférer, en matière de police, aux fonctionnaires administratifs.

ART. 101. La visite domiciliaire ne peut être faite que par le Juge chargé de l'enquête, ou par le Juge de Paix, ou par un Assesseur spécialement désigné par lui à cet effet. Le magistrat fait cette opération assisté du Greffier et servi par l'huissier. Il peut requérir au besoin la force publique.

ART. 102. Dans le cas où il s'agit de mettre à exécution un mandat d'amener, de dépôt ou d'arrêt, hors du domicile du prévenu ou d'un lieu public, la perquisition à faire dans ce but ne peut avoir lieu que conformément aux règles prescrites dans ce Chapitre.

ART. 103. Aucune visite domiciliaire ne peut être faite après le coucher du soleil, ni avant son lever, à moins qu'il n'y ait péril imminent dans le retard. Dans ce cas, l'ordonnance de visite domiciliaire porte qu'elle aura lieu même de nuit.

ART. 104. Si la maison où la visite domiciliaire doit avoir lieu est fermée, le magistrat fonctionnant fait d'abord une somma-

tion pour qu'elle lui soit ouverte. Si cette
sommation, répétée trois fois, demeure sans
effet, il y a lieu à l'ouverture forcée.

ART. 105. La formalité exigée par l'article précédent doit aussi avoir lieu dans l'in-
térieur de la maison, s'il s'y trouve une chambre fermée.

ART. 106. Si la personne dont le domicile
est visité est présente ou en état d'arrestation, elle a le droit d'assister à cette opération ou de désigner une autre personne pour
y assister à sa place.

Si elle n'est ni présente ni représentée, le
propriétaire ou le locataire, ou, à leur défaut, un voisin, est invité à accompagner
les officians.

Le propriétaire de la maison peut, dans
tous les cas, assister à la visite.

Il est fait mention au procès-verbal de la
présence de ces diverses personnes, ou de
leur refus, le cas échéant.

ART. 107. Soit avant, soit pendant la visite domiciliaire, le Juge prend les mesures
nécessaires pour qu'aucun des objets qu'il
recherche ne soit distrait ou enlevé, et pour
qu'aucun individu suspect ne s'échappe.

ART. 108. Les papiers et autres objets
meubles qu'il importe de saisir sont, autant
que possible, réunis sous le sceau du Juge,
en présence des personnes mentionnées à
l'article 106. Le prévenu ou celui qui le
représente peut, s'il le désire, y apposer

aussi son cachet. Le tout est transporté chez le Juge. La levée des scellés et l'examen des papiers, s'il y en a, ont lieu en présence du prévenu ou, à son défaut, d'une des personnes mentionnées à l'article 106. Les papiers et écrits sont paraphés par le Juge d'instruction.

ART. 109. Dans tous les cas de visite domiciliaire, le Juge allie à l'accomplissement de son devoir tous les ménagemens dûs au citoyen dans son domicile. Il pourvoit aussi, en se retirant, à ce qu'il ne puisse être apporté aucun dommage à la propriété de la personne dont le domicile a été visité.

ART. 110. Il est dressé un procès-verbal circonstancié de la visite domiciliaire et de ses résultats, ainsi qu'un inventaire des objets saisis; ces pièces sont signées par le Juge ou par l'Assesseur fonctionnant, par le Greffier et par les personnes mentionnées à l'art. 106.

Si ces personnes ne veulent ou ne peuvent pas signer, mention en est faite au procès-verbal.

ART. 111. Les formes à suivre, en cas de visites domiciliaires pour des délits forestiers, ou pour des contraventions relevant des Tribunaux de police, ou dans tous les cas non prévus au présent Chapitre, et qui cependant rendraient nécessaires une visite domiciliaire, sont réglées par des lois spéciales.

CHAPITRE IV.

Des mandats de comparution, d'amener, de dépôt et d'arrêt.

ART. 112. Le mandat de comparution est celui par lequel le Juge assigne quelqu'un à paraître à son audience.

ART. 113. Le mandat d'amener est celui par lequel le Juge ordonne à un individu de suivre immédiatement à son audience, l'huissier exploitant, assisté, s'il échoit, de la force publique.

ART. 114. Le mandat de dépôt est celui par lequel le Juge ordonne que quelqu'un soit conduit dans une prison désignée, pour y être provisoirement détenu.

ART. 115. Le mandat d'arrêt est celui en vertu duquel le prévenu est mis définitivement en état d'arrestation.

ART. 116. Le mandat de comparution renferme :

1°. L'indication du Juge sous l'autorité duquel il est décerné;
2°. Les noms, prénoms et domicile de la personne citée, ou toute autre désignation propre à la faire reconnaître;
3°. Le jour et l'heure de la comparution;
4°. Le lieu où le cité doit comparaître.

ART. 117. Le mandat d'amener doit énoncer :

1°. L'indication du Juge sous l'autorité
duquel il est décerné;

2°. Les noms, prénoms et domicile de celui à qui il est adressé, ou toute autre désignation suffisante;

3°. Le motif pour lequel le mandat est
décerné;

4°. L'injonction à tous les dépositaires et
agens de la force publique, et à tous
les citoyens, de prêter main forte
pour son exécution, s'ils en sont requis.

ART. 118. Les mandats d'arrêt et de dépôt
contiennent:

1°. L'indication du Juge sous l'autorité
duquel ils sont décernés;

2°. Les noms, prénoms et domicile de celui à qui ils sont adressés, ou toute
autre désignation suffisante;

3°. La désignation de la prison où le prévenu doit être détenu;

4°. Le motif de cette détention;

5°. L'ordre donné au geôlier de la prison
de recevoir l'individu auquel le mandat est adressé.

ART. 119. Les mandats de comparution,
d'amener, de dépôt et d'arrêt, sont rédigés
par écrit. Ceux de dépôt et d'arrêt sont faits
en deux doubles originaux; il n'y a qu'un seul
original des mandats de comparution et d'a-
mener.

Il est fait une copie de chacun de ces mandats.

Les mandats originaux sont revêtus de la
signature du Juge qui les a décernés, ainsi que
de celle du Greffier.

Les copies ne sont signées que par le Greffier.

Les mandats, tant originaux que copies,
sont datés.

ART. 120. Les mandats sont notifiés, au
choix du Juge, soit par l'huissier fonctionnant
dans l'enquête, soit par l'huissier de la Justice
de Paix du Cercle où réside l'individu auquel
le mandat est adressé.

L'huissier chargé de la notification délivre
l'original à celui à qui il est adressé. Il écrit sa
relation sur la copie, en indiquant le jour et
l'heure de la notification.

ART. 121. Si la personne désignée dans le
mandat ne se trouve pas dans son domicile,
et qu'il s'agisse d'un mandat de comparution,
l'huissier laisse l'original du mandat aux personnes de la maison, ou l'affiche à la porte,
en présence de deux témoins.

La relation mentionne toutes ces circonstances.

S'il s'agit d'un mandat d'amener, de dépôt
ou d'arrêt, il est fait perquisition de celui qui
en est l'objet, et mention en est faite dans la
relation de l'huissier.

Si la perquisition doit avoir lieu hors du
domicile du prévenu, ou d'un lieu public, il

est procédé comme il est dit aux articles 99 et suivans.

Art. 122. Les mandats d'amener, de dépôt ou d'arrêt, sont exécutoires dans tout le Canton. Néanmoins, si le prévenu est trouvé hors du ressort du Juge qui a signé le mandat, il est conduit devant le Juge de Paix du Cercle.

Celui-ci, après avoir constaté l'identité du prévenu, vise le mandat, sans pouvoir en arrêter l'exécution.

Art. 123. Le Juge peut envoyer à tous les Préfets, Juges de Paix, ou Syndics, ou agens de la force publique, le mandat d'amener, de dépôt ou d'arrêt, afin qu'il soit pourvu à son exécution.

Art. 124. Si le Juge ignore le domicile du prévenu, il transmet, s'il y a lieu, le mandat au Conseil d'Etat, qui prend les mesures convenables pour en procurer l'exécution.

Art. 125. L'huissier porteur d'un mandat d'amener, de dépôt ou d'arrêt, se fait accompagner, s'il y a lieu, d'une force suffisante pour le mettre à exécution.

Il peut aussi requérir de l'autorité compétente l'emploi de la force publique.

Art. 126. En cas d'absence ou d'insuffisance de la force publique, tout citoyen doit prêter main forte, s'il en est requis.

Sont exempts de cette obligation, les parens en ligne directe et les collatéraux jusqu'au sixième degré inclusivement.

Celui qui n'obéit pas à la réquisition mentionnée au présent article peut être dénoncé, par le fonctionnaire exploitant, au Tribunal de police, qui le punit, s'il y a lieu, dans les limites de sa compétence.

ART. 127. Le prévenu saisi en vertu d'un mandat de dépôt ou d'arrêt, est conduit immédiatement dans la maison d'arrêt indiquée par le mandat.

ART. 128. Le Juge peut, suivant les circonstances et l'état des prisons, ordonner que le prévenu soit conduit à la maison d'arrêt du Cercle ou à celle du District dans lequel se fait l'enquête.

ART. 129. L'huissier chargé de l'exécution du mandat de dépôt ou d'arrêt, remet le prévenu au geôlier de la maison d'arrêt, qui lui en donne décharge sur la copie du mandat. Le geôlier reçoit un second original du mandat de dépôt ou d'arrêt.

Il écroue immédiatement le prévenu. Cette formalité a lieu par la transcription, sur un registre *ad hoc*, des noms du prévenu, ainsi que des autres indications contenues dans le mandat; le jour et l'heure de l'incarcération doivent pareillement être indiqués.

ART. 130. Les copies de mandats de comparution, d'amener, de dépôt ou d'arrêt, sont remises au Juge, munies de la relation de notification mentionnée aux art. 120 et 121, et de plus, pour les mandats de dépôt ou d'arrêt, de la décharge mentionnée à l'article 129.

Ces copies sont jointes à l'enquête.

Art. 131. L'huissier qui n'a pas observé les formalités prescrites pour les mandats, peut être dénoncé au Tribunal de police, qui le punit, s'il y a lieu, dans les limites de sa compétence, sans préjudice de la destitution ou des peines plus graves qu'il pourrait avoir encourues.

CHAPITRE V.

De la détention du prévenu pendant l'enquête.

Art. 132. Les prévenus sont mis en état d'arrestation, sauf le cas où la loi permet de les libérer provisoirement, conformément aux articles 173 et suivans.

Art. 133. Le geôlier ne reçoit de détenus que sur un ordre de l'autorité compétente.

Art. 134. Le prévenu est fouillé à son entrée en prison par le geôlier, et en présence de l'huissier exploitant.

S'il s'agit d'une femme, elle est fouillée par une personne de son sexe.

Il est pris inventaire des effets trouvés sur lui. Cet inventaire est reconnu et signé par le prévenu, et il lui en est laissé une copie; si le prévenu ne veut ou ne peut signer, il en est fait mention sur l'inventaire.

Art. 135. Le geôlier reçoit les ordres du Juge, quant à la manière dont le prévenu doit

être traité, sous le rapport de la sûreté et du
secret.

ART. 136. Le geôlier n'admet auprès du
prévenu que ceux qui présentent à cet effet
une permission personnelle, signée par le Juge
d'instruction. S'il a quelques doutes sur l'identité de la personne qui la présente, il doit la
renvo. · jusqu'à ce qu'elle se légitime à cet
égard.

ART. 137. Il n'est jamais admis auprès du
prévenu plus d'une personne à la fois, à moins
de permission spéciale.

ART. 138. Ces visites se font en présence
du geôlier, à moins que le Juge qui les permet n'ait désigné quelqu'autre personne pour
y assister.

Le Subsistut du Procureur Général peut
y être présent, s'il le juge convenable.

ART. 139. Il est interdit au geôlier, sous
peine de destitution, de s'entretenir avec les
détenus sur l'objet de l'enquête.

Il ne peut non plus, sans permission du
Juge, leur laisser parvenir du dehors aucun
objet ou message qui n'ait passé sous les yeux
du Juge, ni se charger d'aucune commission
pour le dehors de la part des détenus.

Il est encore interdit, sous la même peine,
de transférer, sans autorisation, un détenu
d'une prison dans une autre, ou de le sortir de
la prison qui lui est assignée.

ART. 140. Aucune mesure de rigueur ne
peut être employée contre les détenus pen-

dant la durée de l'enquête, à moins qu'elle ne soit nécessaire pour réprimer des voies de fait ou des actes de violence. Dans ce seul cas, le Juge peut ordonner des précautions répressives.

ART. 141. Le Juge fait fréquemment la visite des prisons et pourvoit à ce qu'il soit promptement remédié à tout ce qui ne se trouverait pas dans l'ordre le plus exact.

ART. 142. Le geôlier qui n'a pas observé les devoirs qui lui sont prescrits, peut être dénoncé au Tribunal de police, qui le punit, s'il y a lieu, dans la limite de sa compétence, sans préjudice de la destitution ou des peines plus graves qu'il pourrait avoir encourues.

CHAPITRE VI.

De l'audition du dénonciateur, du plaignant, du prévenu et des témoins.

SECTION I.

De l'audition du dénonciateur et du plaignant.

ART. 143. Le Juge fait catégoriser le dénonciateur et le plaignant sur le délit, objet de la dénonciation ou de la plainte, ainsi que sur toutes les circonstances qui y sont relatives.

Il les assigne d'ailleurs à paraître devant lui, chaque fois qu'il le juge nécessaire. Cette assignation leur est donnée dans la forme prescrite aux articles 154, 155, 156 et 157.

Art. 144. Les dispositions des articles 158,
159, 160, 161, 162, 163 et 164, sont d'ailleurs applicables à l'audition du dénonciateur et du plaignant.

SECTION II.

De l'audition du prévenu.

Art. 145. Nul ne peut refuser de venir
rendre compte au Juge des faits qui lui sont
imputés. S'il refuse de se présenter sur l'assignation, il y est contraint par la force.

Art. 146. Lorsque l'inculpé a un domicile
connu, le Juge peut, s'il l'estime convenable,
ne décerner contre lui qu'un mandat de comparution, sauf, après l'avoir interrogé, à
convertir ce mandat en tel autre qu'il ap-
partiendra. Si l'inculpé fait défaut, le Juge
décerne contre lui un mandat d'amener.

Art. 147. En cas de mandat d'amener, le
Juge interroge l'inculpé sur-le-champ, si possible, et au plus tard dans les vingt-quatre
heures.

Art. 148. Le Juge s'assure, dans tous les
cas, de l'identité du prévenu.

Art. 149. Si la première audition ne dé-
truit pas les charges qui pèsent sur l'inculpé,
le Juge peut décerner contre lui un mandat
de dépôt ou d'arrêt. Il prend, en même
temps, le signalement du prévenu, et ce signalement est transcrit dans l'enquête.

(40)

Art. 150. Si le Juge estime que les éclaircissemens donnés sont suffisans, il décide que l'inculpé sera remis en liberté. Il peut y avoir recours au Tribunal d'Accusation contre cette décision, soit par le Ministère public, soit par la partie civile. Ce recours a lieu par mémoire.

Le Procureur Général donne son préavis, et la décision est rendue dans le plus bref délai.

Le recours de l'officier du Ministère public suspend la mise en liberté du prévenu, dans tous les cas où il a fait une réquisition pour la poursuite du délit. Le recours de la partie civile ne la suspend dans aucun cas.

Si le recours a lieu à l'instance de la partie civile et qu'il ne soit pas trouvé fondé, elle peut être condamnée aux frais.

Art. 151. Lorsque le prévenu est en état d'arrestation, le Juge se transporte, pour l'interroger, au lieu de sa détention.

Art. 152. Si le prévenu a des plaintes à faire au sujet de sa détention ou des actes de la procédure, le Juge ne peut lui en refuser l'insertion au procès-verbal.

SECTION III.

De l'assignation et de l'audition des témoins.

Art. 153. Le Juge fait citer devant lui les personnes indiquées par la dénonciation ou par la plainte, comme ayant connaissance
soit

soit du délit, soit des circonstances qui y ont rapport.

Il fait citer aussi toutes les personnes indiquées par le prévenu comme pouvant déposer de faits à décharge, et, en général, celles que lui-même présume pouvoir donner des éclaircissemens.

ART. 154. Si les témoins résident dans le Cercle dans lequel ils doivent être entendus, ils peuvent être cités verbalement par l'huissier du Juge d'instruction.

Dans ce cas, l'huissier a un carnet, sur lequel le Juge inscrit les noms, prénoms et domicile de la personne qui doit être citée, ou toute autre désignation propre à la faire connaître, ainsi que le jour, l'heure et le lieu de la comparution.

L'huissier inscrit sur le même carnet le jour et l'heure où il a fait l'assignation, en indiquant si c'est au témoin en personne qu'il s'est adressé, ou, dans le cas contraire, à qui la citation a été notifiée.

Si le témoin cité de cette manière ne se présente pas, ou si, pour toute autre raison, le Juge le trouve convenable, il décerne un mandat de comparution.

ART. 155. Si les témoins résident hors du Cercle, mais dans le ressort du Juge d'instruction, le Juge chargé de l'enquête peut, suivant les circonstances, ou les faire entendre par le Juge de Paix de leur domicile, en transmettant à ce dernier les notes et informations nécessaires , ou les faire citer à son audience.

Dans ce dernier cas , il peut les faire citer soit par son huissier , soit par celui du Cercle où réside le témoin.

Art. 156. Si les témoins résident hors du ressort du Juge d'instruction, leur audition a lieu par le Juge de Paix de leur domicile.

Néanmoins, s'il l'estime nécessaire, le Juge peut les faire citer à son audience, par un requisitoire adressé au Juge de Paix de leur domicile.

Art. 157. Si les témoins n'habitent pas le Canton, le Juge s'adresse au Conseil d'Etat, qui pourvoit à ce que ces témoins soient ou entendus devant leur Juge naturel, ou cités à paraître devant le Juge nanti de l'enquête.

Art. 158. Le Juge fait d'abord inscrire au procès-verbal les noms, prénoms, âge, profession et domicile du témoin.

Si le témoin est domestique, parent ou allié du prévenu ou du lésé, il est aussi fait mention de ces circonstances, ainsi que du degré de parenté ou d'alliance.

Art. 159. S'il ne paraît pas que le témoin soit dans un des cas mentionnés aux articles 3o2 et 3o3, le Juge procède à son audition, mais sans l'assermenter; toutefois le Juge rappelle au témoin, qu'il pourra être entendu sous serment aux débats, si la mise en accusation est prononcée.

Art. 160. Les témoins sont entendus séparément et hors de la présence du prévenu.

Art. 161. Toute personne citée par un mandat de comparution pour être entendue comme témoin, est tenue de comparaître; à ce défaut, elle est contrainte par un mandat d'amener.

Si, ayant comparu, elle refuse de répondre, elle peut, sur la dénonciation du Juge, être condamnée par le Tribunal de police à une peine dans les limites de sa compétence, sauf les exceptions mentionnées à l'art. 302.

Art. 162. Lorsqu'il est constaté, par le certificat d'un officier de santé, qu'un témoin est dans l'impossibilité de comparaître, si ce témoin est domicilié dans le Cercle où se fait l'enquête, le Juge se transporte à son domicile.

Art. 163. Si le témoin empêché habite hors du Cercle, mais dans le ressort du Juge d'instruction, il peut, ou se transporter lui-même au domicile du témoin, pour l'interroger, ou commettre le Juge de Paix du domicile du témoin, à l'effet de recevoir sa déposition. Dans ce cas, le Juge chargé de l'enquête transmet au Juge de Paix des notes et des instructions suffisantes.

Art. 164. Si le témoin empêché réside hors de l'arrondissement du Juge d'instruction, le Juge chargé de l'enquête peut, ou se transporter auprès de lui pour recevoir ses dépositions, ou déléguer à cet effet le Juge

(44)

d'instruction ou le Juge de Paix dans le ressort duquel le témoin est domicilié.

ART. 165. Le Juge qui a reçu les dépositions, conformément aux articles 155, 156,
157, 163 et 164, les envoie sans délai, closes,
et cachetées, au Juge saisi de l'affaire.

*Dispositions communes à l'audition du dénoncia-
teur, du plaignant, du prévenu et des témoins.*

ART. 166. Les questions sont adressées par
le Juge, assisté du Greffier, qui écrit autant que possible textuellement les réponses
de la personne interrogée.

Les questions sont numérotées dans une
seule série, depuis la première jusqu'à la dernière.

ART. 167. L'interrogatoire terminé, les
dépositions sont lues au déposant, qui peut
y apporter telle modification qu'il veut.

Ces modifications sont ajoutées au procès-
verbal, sans radiation de ce qui a été écrit
auparavant.

ART. 168. Le procès-verbal doit être signé,
après chaque interrogatoire, par le Juge, par
le Greffier et par le déposant.

Si celui-ci ne veut ou ne peut signer, il en
est fait mention.

ART. 169. Si le déposant ne s'énonce que
dans une langue étrangère, ses dépositions
sont traduites par un interprète assermenté.

Art. 170. Si le déposant est sourd ou muet, et qu'il ne puisse répondre par écrit, le Juge appelle pour interprète la personne présumée la plus capable de remplir cet office, et il l'assermente.

Art. 171. Il ne se fait pas, dans l'enquête préliminaire, d'autres confrontations que celles qui ont pour objet la reconnaissance de l'identité des personnes.

Art. 172. Le Greffier ne peut communiquer le procès-verbal et les pièces qu'aux fonctionnaires auxquels la loi confère le droit d'en prendre connaissance, et cela sous peine d'une amende de 50 à 200 francs.

CHAPITRE VII.

De la liberté provisoire et du cautionnement.

Art. 173. La liberté provisoire est accordée au prévenu, moyennant caution préalable reconnue solvable par le Juge, lorsque le délit dont il est accusé n'emporte pas la peine de la réclusion dans la Maison de force, ou une peine plus grave. Néanmoins, en cas de vol, la liberté provisoire n'est jamais accordée lorsque le maximum de la peine excède six mois de prison, ni lorsque le prévenu est en état de récidive.

Sont aussi exclus du bénéfice de la liberté provisoire, les femmes prévenues de prostitution et ceux qui sont prévenus de faire métier de favoriser la débauche.

Art. 174. Le Juge d'instruction décide la question de l'élargissement du prévenu, de la solvabilité de la caution et de la valeur du cautionnement, après avoir prévenu le Ministère public et la partie civile, qui, soit en personne, soit par mémoire, peuvent faire valoir leurs observations; le tout sous bénéfice d'appel au Tribunal d'Accusation. Cet appel doit être interjeté dans les 24 heures dès la décision.

Pendant le délai de l'appel, la détention du prévenu continue.

Art. 175. En cas d'appel, le Juge envoie immédiatement toutes les pièces au Tribunal d'Accusation. Le prévenu et la partie civile peuvent envoyer des mémoires. Le Procureur Général donne son avis par écrit. Le Tribunal prononce immédiatement.

Si la partie civile succombe dans son appel, elle est condamnée aux frais de l'appel. Dans le cas inverse, les frais suivent le sort de la cause.

Art. 176. La mise en liberté provisoire avec cautionnement peut être admise jusqu'à la clôture de l'enquête.

Art. 177. La caution du prévenu ne peut être admise si elle n'est reconnue solvable par le Juge.

S'il y en a plusieurs elles sont solidaires.

Art. 178. L'engagement de la caution doit être écrit dans la forme authentique, ou conformément à l'art 933 du Code Civil, avec légalisation de la signature.

Il est joint à l'enquête, et mention en est faite au procès-verbal.

Le cautionnement peut aussi être inscrit, par le Juge chargé de l'enquête, sur son registre, mais avec la signature de la caution.

ART. 179. L'engagement mentionné au précédent article consiste à payer, en cas de condamnation du prévenu :

1°. Les frais judiciaires;

2°. Les amendes;

3°. Une somme représentative de la peine de détention, calculée à raison de deux francs par jour;

4°. Les représentations civiles et les dommages-intérêts résultant du délit.

ART. 180. Le maximum de ce cautionnement doit être d'une somme fixe au-delà de laquelle la caution ne peut être tenue. Ce maximum est déterminé par le Juge et ne peut ni rester en-dessous de 200 francs, ni dépasser 4000 francs.

ART. 181. Cet engagement ne déploie son effet que dans le cas où le prévenu se soustrait par la fuite, soit avant, soit après le jugement, aux suites de sa condamnation, ou à une partie de ses conséquences. Toutefois, si la fuite n'a lieu qu'après six mois écoulés depuis le jugement définitif, le cautionnement est éteint; sauf, quant aux frais, le cas prévu à l'art. 186.

Il en est de même si le condamné s'évade des prisons après avoir commencé à subir sa peine.

Le cautionnement est pareillement éteint lorsque le prévenu est incarcéré en vertu des articles 187 et 205.

Art. 182. Si la caution ayant payé, le condamné vient à être saisi, il n'en subit pas moins sa peine; mais la somme que la caution peut avoir payée comme valeur représentative d'une détention, lui est remboursée par l'Etat.

Quant aux autres déboursés, elle n'a que le recours contre le condamné.

Art. 183. Le prévenu admis au bénéfice du cautionnement, peut le suppléer en déposant, entre les mains du Juge de Paix du Cercle, la somme qui a été fixée, ou bien un titre solide et liquide de cette valeur, faisant en sa faveur.

Ce dépôt peut aussi être fait par un tiers, en lieu de cautionnement.

Le dépôt est retiré dans le cas où le cautionnement serait éteint.

Art. 184. Si le prévenu n'habite pas le Cercle où se fait l'enquête, il n'est mis en liberté provisoire sous caution, qu'après avoir élu domicile dans le Cercle.

Cette élection de domicile doit se faire dans la même forme que celle de la partie civile (art. 70). C'est à ce domicile élu que se font toutes les significations au prévenu.

Art. 185.

Art. 185. Si la somme du cautionnement se trouve inférieure aux valeurs mentionnées à l'art. 179, les frais judiciaires sont d'abord prélevés, puis la répartition a lieu proportionnellement entre les autres objets mentionnés à l'art. 179. Outre le montant de son cautionnement, la caution est tenue aux frais de poursuite.

Art. 186. Dans le cas où il y aurait lieu à poursuivre la caution, les agens du pouvoir exécutif doivent commencer les poursuites dans les six mois à dater du jour où l'envoi des listes de frais a été fait au pouvoir exécutif, le tout sous peine d'être personnellement responsables des sommes dues à la partie civile. Si l'Etat juge la caution insolvable et ne veut pas poursuivre, il doit faire abandon à la partie civile de l'acte de cautionnement qui vaut dans ses mains jusqu'à concurrence des sommes qui lui sont dues.

Art. 187. Le Juge peut, lorsqu'il le trouve nécessaire, retirer au prévenu le bénéfice du cautionnement, et le faire incarcérer. Cette décision est provisoirement exécutée, mais il y a recours au Tribunal d'Accusation, à moins que la loi ne statue autrement.

Art. 188. Il n'y a pas lieu à exiger un cautionnement au sujet des délits qui sont dans la compétence des Municipalités ou des Tribunaux de police, à moins que la loi n'en statue autrement.

CHAPITRE VIII.

De la clôture de l'enquête préliminaire.

ART. 189. Lorsque le Juge estime que son enquête est complète, il en prononce la clôture.

ART. 190. Il la transmet ensuite, par copie, au Procureur Général, dans les trois jours, au plus tard, dès l'ordonnance de clôture, à moins d'impossibilité reconnue. Les pièces relatives à l'enquête, et tous les objets servant à conviction, sont joints à cet envoi. Les papiers et écrits sont paraphés par le Juge, et les autres objets sont, autant que possible, mis sous scellés.

L'enquête est signée par le Juge et par le Greffier.

ART. 191. Lorsqu'il y a lieu à compléter une enquête préliminaire, sur l'ordonnance du Tribunal d'Accusation, (art. 195), le Juge chargé de ce complément, procède, après l'avoir fait, conformément aux articles 189 et 190.

ART. 192. Si l'information fait voir au Juge d'instruction que le fait relève évidemment du Tribunal de police, il adresse l'enquête directement au Président du Tribunal de police du ressort.

LIVRE SECOND,

DES JUGEMENS D'ACCUSATION ET DE RENVOI.

Art. 193. Après avoir pris connaissance de l'enquête préliminaire, le Procureur Général la transmet, dans les trois jours dès la réception, au Président du Tribunal d'Accusation, avec son préavis écrit sur cette question: L'enquête est-elle complète?

Art. 194. Le Tribunal en délibère dans les huit jours, et plus tôt si faire se peut, la circulation de l'enquête et des pièces ayant préalablement eu lieu.

Art. 195. Si le Tribunal trouve que l'enquête n'est pas complète, il la renvoie au Juge d'instruction qui l'a faite, en lui indiquant les opérations qui paraissent encore nécessaires. Il peut aussi, s'il l'estime convenable, charger un autre Juge d'instruction de faire ce complément.

Art. 196. Il est procédé conformément aux articles précédens, jusqu'à ce que l'enquête soit définitivement jugée complète.

Art. 197. Lorsque l'enquête est jugée complète, elle est renvoyée au Procureur Général, qui, dans les trois jours, la fait passer de nouveau au Président du Tribunal d'Accusation, avec son préavis écrit sur la question de la mise en accusation et de compétence, ainsi que sur celle du for, s'il y a lieu.

Dans les trois jours suivans, le Tribunal rend son arrêt.

Art. 198. Néanmoins, si le Procureur Général, lorsqu'il reçoit l'enquête des mains du Juge d'instruction, estime qu'elle est complète, il peut, en donnant son préavis, dans le délai prescrit à l'art. 193, faire en même temps ses réquisitions au sujet de la mise en accusation, conformément à l'art. 197.

Art. 199. Le Tribunal examine s'il existe à la charge du prévenu des preuves ou des indices d'un fait réprimé par la loi, et dont la peine soit dans la compétence des Tribunaux criminels ou correctionnels. Il examine, de plus, si ces indices sont assez graves pour que la mise en accusation doive être prononcée.

Art. 200. Il est statué, par un seul et même arrêt, sur les délits divers dont le même individu est prévenu, lors même que ces délits auraient été commis en différens temps et en divers lieux.

Art. 201. Il est pareillement statué, par un seul arrêt, lorsqu'il s'agit de délits connexes commis par différentes personnes.

Il y a connexité, soit lorsque les délits ont été commis en même temps par plusieurs personnes réunies, soit lorsque les uns ont été commis dans le but de procurer les moyens de commettre les autres, d'en faciliter, d'en consommer l'exécution ou d'en assurer l'impunité, soit encore lorsque les divers délinquans formeraient entr'eux une association ou une bande.

ART. 202. Dans les cas prévus par les deux articles précédens, le délit le plus grave détermine le for et la compétence.

ART. 203. Si le Tribunal estime qu'il n'existe pas un délit prévu par la loi, ou si les indices de culpabilité lui paraissent insuffisans pour motiver une accusation, il prononce qu'il n'y a pas lieu à suivre au procès, et ordonne la mise en liberté du prévenu.

L'ordonnance de mise en liberté est transmise au Procureur Général, qui pourvoit immédiatement à ce qu'elle soit exécutée, à moins que le prévenu ne soit détenu pour une autre cause.

ART. 204. Si le Tribunal trouve qu'il y a lieu à renvoyer le prévenu, pour être jugé devant un Tribunal criminel ou correctionnel, il prononce la mise en accusation.

L'arrêt n'est pas motivé, mais il contient la citation des articles de la loi qui paraissent applicables au fait; les noms et prénoms de l'accusé, ou toute autre désignation propre à la faire reconnaître; enfin, l'indication du Tribunal compétent devant lequel la cause est renvoyée.

ART. 205. S'il n'y a pas lieu au bénéfice du cautionnement et que, cependant, le prévenu ait été admis précédemment à ce bénéfice, l'arrêt porte, de plus, ordonnance de prise de corps.

ART. 206. S'il y a lieu de mettre le prévenu en liberté sous caution, et qu'il ne jouisse pas encore de ce bénéfice, il peut y être admis par le Tribunal d'Accusation, qui entend préalablement le Procureur Général. La partie civile en est prévenue et peut envoyer un mémoire.

ART. 207. L'enquête, accompagnée de l'arrêt de mise en accusation et de renvoi, est adressée dans les vingt-quatre heures au Procureur Général, qui est chargé de dresser l'acte d'accusation.

Cet acte expose le fait qui constitue le délit; il est signé.

ART. 208. Dans le plus bref délai et au plus tard dans les cinq jours, le Procureur Général envoye l'enquête préliminaire, ainsi que les autres pièces du procès, l'arrêt de renvoi et l'acte d'accusation au Directeur des débats, si la cause est renvoyée devant un Tribunal criminel; et si elle est renvoyée devant un Tribunal correctionnel, au Président du Tribunal désigné dans l'arrêt.

Il ordonne que les pièces de conviction qui peuvent être restées au Greffe d'instruction soient aussi transmises à ce même magistrat.

Il lui communique aussi les récusations de Juges qu'il pourrait avoir à présenter.

ART. 209. En même temps l'accusé, s'il est détenu, est, à la diligence du Procureur Général, transféré dans la prison du District où il doit être jugé, s'il n'y est déjà.

Art. 210. Si le Tribunal d'Accusation trouve que le fait est du ressort des Tribunaux de police, il renvoye l'enquête au Président du Tribunal de police, qui doit en juger. Dans ce cas, si le prévenu n'est pas détenu pour autre cause, le Président ordonne sa mise en liberté provisoire.

Art. 211. Le prévenu à l'égard duquel le Tribunal d'Accusation a prononcé qu'il n'y a pas lieu au renvoi devant un Tribunal criminel ou correctionnel, ne peut plus y être traduit à raison du même fait, à moins qu'il ne survienne de nouveaux indices à sa charge, avant que la prescription soit encourue.

Art. 212. En ce cas, l'officier de police judiciaire qui a recueilli les nouvelles charges, adresse sans délai copie des pièces au Procureur Général, et après avoir entendu le préavis de ce magistrat, le Tribunal d'Accusation décide s'il y a lieu de prononcer la mise en accusation, conformément à l'article 204.

Il peut aussi, sur le vu des pièces, faire procéder à une nouvelle enquête par le Juge d'instruction qu'il commet à cet effet.

Art. 213. Toutefois, le Juge informateur peut, sur les nouvelles charges et avant leur envoi au Procureur Général, décerner, s'il en est besoin, un mandat de dépôt contre le prévenu qui aurait déjà été mis en liberté, d'après les dispositions de l'art. 203.

Art. 214. S'il vient à la connaissance du

Ministère public des faits de nature à fournir
une plus grande lumière sur la cause, depuis
que l'enquête a été déclarée complète par le
Tribunal d'Accusation, le Procureur Général
peut, jusqu'à l'ouverture des débats, requérir du Juge d'instruction un supplément d'enquête, avec l'autorisation du Tribunal d'Accusation.

ART. 215. Le Procureur Général n'assiste
pas aux séances du Tribunal d'Accusation.

ART. 216. Le prévenu, la partie civile et
les témoins ne paraissent pas devant ce Tribunal.

ART. 217. Les jugemens du Tribunal d'Accusation ne peuvent être rendus que par le
Tribunal siégeant au complet.

La circonstance que le Tribunal a été au
complet pour délibérer et que le jugement
a été rendu à la majorité légale, doit toujours être indiquée dans l'arrêt. Il y est aussi
fait mention de la réquisition du Procureur
Général. Le tout sous peine d'une amende de
20 à 100 francs contre le Greffier.

ART. 218. Les membres du Tribunal d'Accusation, ainsi que le Greffier de ce corps,
peuvent être récusés, soit par le Ministère
public, soit par le prévenu, dans les cas
mentionnés à l'art. 249. Ils peuvent aussi,
par les mêmes motifs, se récuser spontané-
ment.

La récusation doit toujours être motivée.
Elle est présentée au Tribunal d'Accusation

et

et portée par celui-ci au Tribunal de Cassation ; si la récusation est spontanée, le Tribunal de Cassation en avertit le Procureur Général et le prévenu.

Si la récusation est demandée par le Procureur Général, communication en est faite au prévenu, et si elle est demandée par le prévenu, communication en est faite au Procureur Général.

Le Tribunal de Cassation décide dans le plus bref délai. Le Procureur Général, le prévenu et le Juge récusé, peuvent présenter leurs observations par écrit sur la récusation.

ART. 219. Les opérations prescrites par le présent Livre ont également lieu lorsque le prévenu est en fuite, ou lorsqu'ayant été cité dans le cours de l'enquête, il n'a pas obéi à la citation.

ART. 220. Les délais prescrits dans le présent Livre peuvent être prolongés par le Tribunal d'Accusation, sur la réquisition du Procureur Général.

LIVRE TROISIÈME.

DES DÉBATS ET DU JUGEMENT.

TITRE PRÉLIMINAIRE.

De la compétence.

Art. 221. Les Tribunaux criminels jugent :

a) Les causes qui sont au-dessus de la compétence des Tribunaux correctionnels;

b) Les causes que des dispositions spéciales de la loi leur attribuent.

Art. 222. Les Tribunaux correctionnels jugent :

a) Tout délit dont la peine, au maximum, n'excède pas trois cents jours de détention correctionnelle;

b) Tout délit dont la peine, au maximum, n'excède pas six cents fr. d'amende.

Dans le cas où la loi pénale admet la cumulation des deux genres de peine, deux francs d'amende sont comptés pour un jour de détention.

c) Tout délit ou toute contravention, quelle qu'en soit la peine, dont une disposition spéciale de la loi leur attribue le jugement.

Art. 223. Lorsque l'accusé, ayant commis un délit dans la compétence du Tribunal correctionnel, se trouve en état de récidive, le Tribunal correctionnel peut appliquer la peine de la récidive, même si cette peine dépasse les limites ci-dessus indiquées, pourvu, toutefois, qu'elle n'entraîne pas une réclusion dans la Maison de force.

Art. 224. Les Tribunaux de police jugent tout délit ou toute contravention dont la peine, au maximum, n'excède pas quinze jours de prison ou soixante francs d'amende, ainsi que tout délit ou toute contravention dont le jugement leur serait expressément attribué par la loi.

Art. 225. Lorsque l'accusé, ayant commis un délit dans la compétence du Tribunal de police, se trouve en état de récidive, le Tribunal de police peut appliquer la peine de la récidive.

Art. 226. Les Municipalités ne prononcent que sur les contraventions dont la loi a placé la répression dans leur compétence.

Elles peuvent statuer une amende qui ne peut excéder quatre francs, pour l'inobservation des règlemens de police ou autres faits dans leur compétence.

Art. 227. Les confiscations, les restitutions en nature ou en valeur, et les dommages-intérêts à prononcer, quelle qu'en soit la somme, ne sont pas comptés pour la fixation de la compétence.

Art. 228. Néanmoins, le Tribunal correctionnel ne peut allouer à la partie lésée des dommages-intérêts dépassant la somme de quatre cents francs, et le Tribunal de police ne peut, dans le même cas, dépasser cent francs.

Si le lésé veut réclamer des dommages-intérêts excédant la compétence ci-dessus fixée, il ne peut se porter partie civile.

TITRE Ier.

Des débats et du jugement devant les Tribunaux criminels.

Art. 229. Les débats et le jugement ont lieu devant le Tribunal criminel de l'arrondissement, siégeant au chef-lieu du District où le délit a été commis, sauf le cas où l'arrêt de renvoi désigne un autre lieu.

CHAPITRE Ier.

Des opérations préliminaires aux débats.

Art. 230. Dès que le Directeur des débats a reçu communication de l'arrêt d'accusation et des pièces, il dirige le procès criminel.

Art. 231. Il apporte tous ses soins, concurremment avec l'officier du Ministère public, à ce que les opérations préliminaires se fassent avec la plus grande célérité possible, et à ce que tout soit en état pour l'ouverture des débats.

Art. 232. Il doit s'opposer à tout ce qui pourrait, sans utilité majeure et reconnue, entraver ou ralentir la marche de la justice.

Art. 233. Pour toutes les opérations préliminaires aux débats, ou pour quelqu'une de ces opérations en particulier, le Directeur peut, en cas de nécessité, déléguer ses pouvoirs; mais le délégué ne peut être ni juge, ni suppléant au Tribunal criminel.

Le Directeur fait inscrire cette délégation sur le registre criminel déposé au Greffe.

Art. 234. Partout où fonctionne le Directeur des débats, la gendarmerie et la force publique sont à sa disposition. Il peut demander l'assistance des Préfets et des Syndics, toutes les fois qu'il le juge convenable, et spécialement pour tout ce qui concerne l'ordre et la sûreté des débats.

Art. 235. Le droit de surveillance et d'inspection de la prison où l'accusé est détenu appartient au Directeur des débats, avec les mêmes attributions qui sont conférées, pendant l'enquête préliminaire, au Juge chargé de l'instruction.

Nul ne peut communiquer avec l'accusé sans l'autorisation du Directeur ou de son délégué, sauf ce qui est dit concernant le défenseur.

Art. 236. Le Ministère public peut, en tout état de cause, demander copie de tout ou partie des pièces du procès.

Art. 237. Dans les trois jours de la récep-

tion des pièces mentionnées à l'article 208,
le Directeur fixe le jour de l'ouverture des
débats, dépose l'enquête et les pièces au
Greffe de District, et nomme d'office un défenseur à l'accusé, à moins que celui-ci ne
s'en procure un de son choix, ou n'obtienne
du Directeur la permission de se défendre
lui-même sans le secours d'un défenseur.

Dans les mêmes trois jours, il notifie à
l'accusé l'arrêt d'accusation et la liste des
Juges composant le Tribunal criminel, ainsi
que des Juges suppléans de chaque catégorie.
Il lui communique aussi les récusations présentées par le Ministère public.

Il avertit de plus l'accusé :

a) Que dans le cas où il se croirait fondé
   à former une demande en récusation
   contre les Juges ou les suppléans du
   Tribunal criminel, il doit le faire dans
   le terme de cinq jours, et qu'après
   l'expiration de ce délai, il n'y sera
   plus recevable.

b) Que dans le même terme, il doit présenter ses observations sur les récusations
   élevées par le Ministère public.

ART. 238. L'ouverture des débats doit
avoir lieu dans les vingt et un jours à comp-
ter de celui où le Directeur a reçu les pièces
mentionnées à l'article 208.

Si des circonstances extraordinaires néces-
sitent une prolongation de ce terme, le Directeur les indique dans une déclaration qui
est annexée aux pièces du procès.

Art. 239. Le jour fixé pour les débats est inscrit sur le registre criminel déposé au Greffe.

Le Directeur en donne immédiatement connaissance au Procureur Général, aux Juges qui doivent composer le Tribunal, à l'accusé, à son défenseur et à la partie civile, s'il y en a une.

Art. 240. Si l'accusé est en liberté, l'avis mentionné à l'article précédent lui est donné par un exploit portant assignation au jour fixé, conformément aux articles 267 et 268. S'il est détenu, cet avis lui est donné par écrit.

Art. 241. Le Juge qui estime être dans un des cas de récusation mentionnés à l'article 249, ou qui se trouverait dans l'impossibilité d'assister aux débats, doit en prévenir immédiatement le Directeur.

Art. 242. Le défenseur de l'accusé doit être un Avocat breveté du Canton, ou un Licencié en droit stagiaire.

Le défenseur de l'accusé peut être choisi, conformément à la loi sur la police du barreau.

Art. 243. Le défenseur peut, dès sa nomination, communiquer avec l'accusé dans sa prison. A cet effet, le geôlier est averti de cette nomination.

Art. 244. Le défenseur de l'accusé peut prendre connaissance au Greffe, de toutes les pièces, sans les déplacer, sans frais pour l'Etat et sans retarder la marche du procès. En cas de contestation, le Directeur prononce.

· La partie civile a le même droit.

Art. 245. L'accusé peut obtenir copie à ses frais des pièces du procès qu'il juge utiles à sa défense, à l'exception, toutefois, des dépositions faites dans l'enquête par les prévenus ou par les témoins.

Art. 246. Le Greffier ne doit communiquer l'enquête et les pièces qu'aux personnes auxquelles la loi confère le droit d'en prendre connaissance, et cela sous peine d'une amende de cinquante à deux cents francs.

Art. 247. Le Ministère public, l'accusé et la partie civile peuvent, en alléguant leurs motifs, récuser le Directeur des débats, son Substitut, les Juges et les suppléans au Tribunal criminel.

Art. 248. La récusation péremptoire, soit celle sans allégation de motifs, n'est accordée qu'à l'accusé. Elle ne peut pas être dirigée contre le Directeur des débats, ni contre son Substitut.

L'accusé peut récuser péremptoirement :

1°. Un des Juges ou des suppléans de la catégorie *A*.

2°. Un des Juges ou des suppléans de la catégorie *B*.

3°. Deux des Juges ou des suppléans de la catégorie *C*. (Art. 21 de la loi organique des Tribunaux chargés de l'administration de la Justice pénale.)

Il

Il ne peut faire usage de ce droit qu'une seule fois dans la même cause.

Art. 249. La récusation motivée est admise dans les cas suivans :

1°. Si celui contre lequel elle est dirigée se trouve parent de l'accusé, du lésé, ou de la partie civile, savoir :

  a) En ligne directe, à l'infini, de sang ou d'alliance ;

  b) En ligne collatérale, jusques au sixième degré de sang et au quatrième degré d'alliance inclusivement.

2°. S'il a dénoncé le délit, ou s'il est dans le cas de déposer aux débats.

3°. S'il a un intérêt actuel au résultat du procès.

Art. 250. Dans le terme de cinq jours dès les notifications qui lui ont é   faites, conformément à l'art. 237, l'accusé fait inscrire au Greffe, soit par son défenseur, soit par le geôlier, qui ne peut s'y refuser, ses récusations, tant motivées que péremptoires, s'il veut en présenter, et sa détermination sur les récusations présentées par le Ministère public.

Art. 251. Le Greffier communique immédiatement cette inscription à l'officier du Ministère public.

Art. 252. Dans les trois jours dès cette communication, l'officier du Ministère public

fait inscrire au Greffe, s'il y a lieu, ses observations sur les récusations présentées par
l'accusé.

Art. 253. Si la partie civile a des récusations à présenter, elle doit les notifier à l'officier du Ministère public et à l'accusé, dans
le terme de cinq jours dès celui où le jour des
débats a été inscrit au Greffe, conformément
à l'article 239.

Art. 254. Dans les trois jours dès cette notification, l'officier du Ministère public et
l'accusé font inscrire au Greffe, s'il y a lieu,
leurs observations sur les récusations présentées par la partie civile.

Art. 255. Après l'expiration des délais
mentionnés aux articles 252 et 254, le Greffier communique au Directeur des débats tous
les actes relatifs aux récusations.

Art. 256. S'il y a contestation lorsqu'il
s'agit de récusations motivées, ou si les observations de celui qui avait droit de con-
tester ne sont pas parvenues au Greffe dans
le terme prescrit, le Directeur des débats
transmet les pièces au Tribunal de Cassation,
qui prononce définitivement, dans le plus bref
délai, et au plus tard dans les trois jours qui
suivent la réception des dites pièces.

Art. 257. En cas de récusation spontanée d'un Juge ou d'un suppléant, si le Directeur des débats ne trouve pas suffisans les
motifs allégués, il en réfère au Tribunal de
Cassation, qui prononce comme il est dit à
l'article 256.

La récusation spontanée est celle que présente le Juge de son propre mouvement pour être dispensé de siéger.

La disposition de cet article est aussi applicable au cas où un Juge, soit un suppléant, a annoncé, conformément à l'article 241, qu'il est empêché d'assister aux débats.

ART. 258. La récusation présentée contre le Directeur des débats ou son Substitut est toujours soumise au Tribunal de Cassation.

Il en est de même de la récusation spontanée de ces fonctionnaires.

ART. 259. Le Directeur des débats pourvoit au remplacement du Juge récusé, soit que la récusation n'ait pas été contestée, soit qu'elle ait été définitivement admise par le Tribunal de Cassation.

Il pourvoit également au remplacement du Juge qui se trouverait dans l'impossibilité d'assister aux débats.

Il convoque les Juges suppléans.

ART. 260. Douze jours avant l'ouverture des débats, la partie civile et l'accusé font inscrire au Greffe la liste des témoins qu'ils veulent assigner.

Ils doivent indiquer, pour chaque témoin, ses noms et son domicile, ou au moins le désigner de manière à ce qu'il puisse dûment être reconnu; de plus, si c'est sous le poids du serment qu'ils se proposent de le faire entendre.

Le Greffier donne immédiatement communication de ces listes à l'officier du Ministère public.

Art. 261. Si l'officier du Ministère public ne veut pas faire assigner à son instance tous les témoins indiqués par l'accusé ou par la partie civile, il doit leur faire connaître, dans les trois jours dès la communication qu'il en a reçue, quels sont ceux de leurs témoins dont il refuse de procurer l'assignation. Cet avis est donné à la partie civile par acte déposé au Greffe, et par écrit à l'accusé. Dans ce cas, l'accusé et la partie civile pourvoient eux-mêmes à l'assignation de ces témoins.

Art. 262. Huit jours avant l'ouverture des débats, l'officier du Ministère public fait inscrire au Greffe la liste des témoins qu'il veut faire entendre, en se conformant pour l'indication des témoins à ce qui est prescrit à l'article 260.

Art. 263. Celui qui a fait une déclaration dans l'enquête en qualité d'expert, peut être assigné à l'effet de donner de nouvelles explications aux débats.

Si le Ministère public, l'accusé ou la partie civile désirent que d'autres experts soient entendus, ils doivent en faire la demande au Directeur des débats, qui désigne ces experts.

Le Directeur peut, avant les débats, s'il y a lieu, communiquer aux experts désignés les procès-verbaux relatifs aux faits sur lesquels ils auront à donner leur opinion.

Art. 264. Cinq jours avant l'ouverture des

débats, le Greffier notifie à l'accusé la liste des témoins assignés par le Ministère public et par la partie civile.

Art. 265. Cinq jours aussi avant l'ouverture des débats, la partie civile peut prendre connaissance au Greffe des témoins assignés par le Ministère public et par l'accusé.

Art. 266. Le Directeur peut d'office, jusqu'à l'ouverture des débats, et sans être astreint à observer les délais prescrits, assigner les témoins dont l'audition lui parait utile.

Ces témoins sont indiqués à l'officier du Ministère public, à l'accusé et à la partie civile, autant que possible, avant le jour des débats, conformément aux dispositions des art. 260, 264 et 265.

Art. 267. Les témoins sont cités par exploit, à l'instance de celui qui a définitivement requis leur citation, et sous l'autorisation du Directeur des débats ou de son délégué.

L'exploit porte citation devant le Tribunal criminel.

Il est rédigé dans la forme prescrite pour les mandats de comparution aux art. 116 et 119 du présent Code.

Art. 268. L'exploit est notifié par un huissier du Tribunal du District où le témoin est domicilié.

La notification a lieu au moins quatre jours à l'avance. Si le témoin est domicilié à plus de huit lieues du siège du Tribunal, le mandat doit être notifié au moins six jours d'avance.

Le jour de la notification et celui de la comparution ne sont pas comptés dans ces délais.

ART. 269. L'accusé et la partie civile font l'avance des frais relatifs à l'assignation des témoins cités à leur instance, ainsi que du salaire de ces témoins.

ART. 270. Les témoins qui se trouvent dans l'impossibilité de se présenter au jour fixé, doivent en prévenir immédiatement le Directeur des débats.

ART. 271. Si, dans le cas prévu à l'article précédent, le Directeur estime que l'excuse du témoin est fondée et qu'il n'y a cependant pas lieu à renvoyer les débats, il peut ordonner que la déposition du témoin empêché sera reçue par le Juge de Paix de son domicile. Cette déposition est envoyée close et cachetée au Directeur, qui en fait l'ouverture aux débats.

Il n'est pas dérogé par cet article au droit qu'ont le Ministère public, l'accusé et la partie civile, de demander le renvoi de la cause, conformément à l'art. 293.

CHAPITRE II.

Des Débats.

ART. 272. Le Tribunal doit être au complet dès l'ouverture des débats et durant toute l'instruction.

Des raisons majeures et reconnues telles par le Tribunal peuvent seules autoriser un Juge à quitter la séance.

Dans des causes qui pourraient entraîner des débats prolongés, le Directeur peut convoquer des suppléans pour remplacer, au besoin, des Juges qui se trouveraient dans l'impossibilité de continuer à siéger ; dans ce cas, les suppléans assistent aux débats dès le commencement.

Si le Tribunal vient à cesser d'être au complet, les débats doivent être suspendus ou renvoyés.

ART. 273. Le Juge ou le suppléant qui ne se présente pas à la séance pour laquelle il a été convoqué, lorsqu'il n'en a pas prévenu à temps le Directeur des débats, conformément à l'art. 241, ou lorsque le Tribunal de Cassation n'a pas trouvé fondés les motifs de récusation ou d'empêchement (art. 257), est condamné à une amende de 50 à 300 francs.

Cette amende est prononcée par le Tribunal de Cassation, sur la réquisition du Ministère public.

Le Juge en défaut est avisé du jour où le Tribunal de Cassation doit prononcer. Il est admis à présenter par écrit ses moyens d'excuse. Si le Tribunal trouve l'excuse fondée, il peut libérer le Juge de l'amende.

Art. 274. Il y a, à proximité de la salle d'audience, une chambre exclusivement destinée aux témoins qui doivent être entendus dans la cause.

Art. 275. Au jour fixé pour les débats, le Tribunal étant constitué sous la présidence du Directeur, l'accusé est introduit. Il est placé de manière à être facilement vu par tout le Tribunal et par les témoins.

Art. 276. S'il y a plusieurs accusés, ils sont séparés par des gardes ou autres personnes de confiance, de manière à ce qu'ils ne puissent pas communiquer entr'eux ni avec le public.

Art. 277. L'audience est publique, à moins que le Tribunal, sur les conclusions du Ministère public ou d'office, n'en ordonne autrement.

Art. 278. Les débats, une fois commencés, doivent être continués sans désemparer. Il ne peut y avoir de suspension qu'en cas de nécessité reconnue.

Si par suite de quelques circonstances imprévues, le renvoi de la cause devient indispensable, celle-ci est reprise dans le plus bref délai.

Art. 279.

Art. 279. Le Directeur des débats a la police de l'audience.

Il peut au besoin faire évacuer la salle.

Art. 280. Il détermine l'ordre entre ceux qui demandent à parler, et il s'oppose à tout ce qui tendrait à prolonger les débats, sans donner lieu d'espérer plus de certitude dans les résultats. En cas de réclamation, le Tribunal prononce.

Art. 281. Il veille à ce que tous les objets et pièces quelconques pouvant servir à conviction, soient déposés sur le bureau.

Art. 282. Si le défenseur choisi par l'accusé est pris hors du barreau, il est averti qu'il ne peut rien dire contre le respect dû aux lois et aux magistrats, et qu'il doit s'exprimer avec décence et modération.

S'il manque à cette obligation, le Directeur le rappelle à l'ordre, et le Tribunal peut même lui ôter la parole.

Art. 283. Le Directeur des débats rappelle à l'ordre l'Avocat qui s'en écarte.

Si ce rappel à l'ordre ne suffit pas, le Tribunal peut appliquer à l'Avocat contrevenant l'article 31 de la loi sur la police du barreau. Son jugement est sans appel.

Le Tribunal peut aussi ôter la parole à l'Avocat, et, dans ce cas il décide, soit sur les conclusions prises, soit même d'office, si la cause doit être renvoyée à un nouveau jour, ou s'il doit être nommé à l'accusé un nouveau défenseur, séance tenante, ou enfin s'il doit être simplement passé outre.

ART. 284. Lorsqu'à l'audience, l'un ou plusieurs des assistans donnent des signes d'approbation ou d'improbation, ou excitent du tumulte de quelque manière que ce soit, le Directeur peut les faire sortir. S'ils résistent à ses ordres, le Directeur ordonne qu'ils soient arrêtés et conduits dans la maison d'arrêt, pour un temps qui ne peut excéder deux fois vingt-quatre heures.

Lorsque le tumulte a été accompagné d'injures ou de voies de fait donnant lieu à l'application de peines correctionnelles ou de police, ces peines peuvent, sur la réquisition du Ministère public, être prononcées par le Tribunal, séance tenante, et immédiatement après que les faits auront été constatés.

ART. 285. Lorsqu'à l'audience le prévenu ou l'un des assistans se permettraient d'insulter, d'injurier, d'outrager, ou menacer le Tribunal entier, ou l'un de ses membres, ou le Directeur des débats, ou l'officier du Ministère public, le Tribunal peut infliger au délinquant la peine statuée par la loi pénale, jusqu'à trois mois de détention.

Cette peine peut être prononcée, soit sur la réquisition du Ministère public, soit d'office. Si elle est prononcée contre l'accusé, elle se cumule avec celle qu'il a pu encourir sur le fond.

ART. 286. Les dispositions de l'article précédent sont applic bles aux insultes, injures, outrages ou menaces faites aux témoins.

ART. 287. Si l'accusé rend par sa conduite les débats impossibles en sa présence, il peut y être suivi en son absence, et on peut passer au jugement comme s'il était présent. Le défenseur de l'accusé est admis à présenter sa défense.

ART. 288. Les Juges remplaçans qui n'auraient pas encore prêté serment, sont assermentés à l'audience par le Directeur des débats.

ART. 289. Le Directeur constate l'identité de l'accusé ou des accusés, et les interroge sur leurs noms, prénoms, âge, profession, demeure et lieu d'origine.

ART. 290. Le Greffier fait ensuite l'appel des témoins.

ART. 291. Le Ministère public, l'accusé et la partie civile, peuvent s'opposer à l'audition d'un témoin qui n'aurait pas été indiqué sur les listes mentionnées aux art. 260 et 262, à moins que le témoin n'ait été assigné par le Directeur des débats, et sans préjudice du droit conféré à ce magistrat par l'art. 323.

Le Tribunal prononce immédiatement sur cette opposition.

ART. 292. Si un témoin assigné régulièrement et dans le délai mentionné à l'article 268, manque à l'appel, le Tribunal peut

le condamner à une amende qui n'excède pas
200 francs.

Si le témoin condamné se présente, le Tribunal étant encore assemblé, et que ses motifs d'excuse soient jugés suffisans, le Tribunal peut modérer l'amende prononcée contre lui, ou même l'en libérer complètement.

Si le témoin ne s'est pas présenté pendant la séance, et que la cause n'ait pas été renvoyée, il peut, dans les quinze jours dès la notification qui lui aura été faite du jugement rendu contre lui, recourir par mémoire au Tribunal de Cassation, qui confirme, annule, ou modifie le jugement.

Dans tous les cas, le Directeur des débats peut, par mandat d'amener, contraindre le témoin à paraître.

ART. 293. En cas de non comparution d'un témoin, le Tribunal peut, en outre, sur la réquisition du Ministère public, de l'accusé, ou de la partie civile, et même d'office, décider que les débats seront renvoyés.

Si le renvoi est ordonné, le témoin en défaut peut être, par le même jugement, condamné aux frais devenus inutiles.

A la séance où les débats sont repris, il peut demander relief du jugement qui l'a condamné, soit à l'amende, soit aux frais, et le Tribunal prononce définitivement.

ART. 294. Si le témoin se présente dans un état tel que son audition ne puisse avoir lieu, il est considéré comme absent, et les dispositions des art. 292 et 293 peuvent être appliquées.

ART. 295. Après l'appel, les témoins se retirent dans la chambre qui leur est destinée; ils y demeurent jusqu'à ce que leur tour de déposer soit venu. Le Directeur des débats prend les précautions convenables pour les empêcher de conférer entr'eux au sujet du procès dans lequel ils doivent être entendus, et d'avoir aucune communication au dehors.

Le témoin contrevenant peut être puni, séance tenante, d'une amende qui n'excède pas quarante francs, ou d'une détention qui n'excède pas quarante-huit heures.

ART. 296. Les témoins retirés, le Président avertit l'accusé d'être attentif à ce qu'il va entendre.

Il ordonne au Greffier de lire les pièces et les procès-verbaux de l'enquête préliminaire, qui ont pour objet de constater l'existence et la nature du délit, l'arrêt du Tribunal d'Accusation renvoyant l'affaire au Tribunal criminel, et l'acte d'accusation.

Le Greffier fait cette lecture à haute voix.

Il n'est point donné connaissance aux Juges des dépositions faites, dans l'enquête, par l'accusé ou par les témoins, sauf l'exception mentionnée aux art. 320 et 321.

ART. 297. Le Directeur interroge ensuite l'accusé sur le délit et sur les circonstances qui en dépendent.

L'accusé répond personnellement et oralement.

Art. 298. S'il y a plusieurs accusés, ils
sont interrogés successivement.

Art. 299. Après l'interrogatoire de l'accusé ou des accusés, le Directeur des débats
fait introduire le premier témoin qui doit être
entendu.

Art. 300. Les témoins assignés par le Ministère public sont entendus premièrement;
ceux qui sont cités par la partie civile et par
l'accusé sont appelés ensuite.

Les témoins sont entendus dans l'ordre indiqué par celui qui les a fait citer.

Art. 301. Avant de faire déposer un témoin, le Directeur lui demande ses nom,
prénoms, âge, profession, domicile on résidence. S'il connaissait l'accusé avant le fait
mentionné dans l'acte d'accusation, s'il est
parent ou allié, soit de l'accusé, soit du lésé,
et à quel degré. Il peut de plus lui adresser les
questions qui ont pour but de faire connaître
ses rapports particuliers avec l'accusé ou
avec le lésé.

Art. 302. Après ces questions générales,
si le Ministère public, l'accusé ou la partie
civile, veulent s'opposer à ce que le témoin
soit assermenté, ils exposent les motifs de
leur opposition.

Lorsque le témoin est présenté par le Ministère public ou par la partie civile, le Di-

recteur demande à l'accusé s'il l'admet à prêter serment.

ART. 3o3. Ne sont point admis à déposer
sous serment, lors même qu'il n'y .erait pas
fait d'opposition:

   1°. Les témoins qui se trouvent avec l'ac-
      cusé dans l'une des relations sui-
      vantes:

     a) Les parens ou alliés en ligne directe;
     b) Les frères et sœurs;
     c) Le mari ou la femme, même après le
       divorce prononcé.

   2°. Celui qui n'a pas atteint l'âge de 16 ans
      accomplis.
   3°. Celui qui est dans un état de démence
      ou d'imbécilité.
   4°. Celui qui, par l'effet d'un jugement, est
      déchu du droit de témoigner sous
      serment, ou qui se trouve sous la
      prévention d'un délit entraînant une
      pareille déchéance.

ART. 3o4. Le Ministère public, l'accusé et
la partie civile, peuvent s'opposer à l'assermentation d'un témoin, dans les cas ci-après
désignés:

   1°. Si le témoin est parent ou allié de l'ac-
      cusé, en ligne collatérale jusqu'au
      quatrième degré inclusivement.
   2°. S'il se trouve avec le lésé ou avec la
      partie civile dans l'une des relations
      suivantes:

     a) Les parens ou alliés en ligne directe;

(80)

b) Les parens ou alliés en ligne collatérale jusqu'au quatrième degré inclusivement ;

c) Le mari ou la femme, même après le
divorce prononcé.

3°. Si le témoin a un intérêt actuel au résultat du procès.

4°. S'il a reçu des dons ou des promesses
à l'occasion du témoignage à rendre.

5°. S'il est domestique de l'accusé, du lésé,
ou de la partie civile.

Art. 3o5. Le témoin qui remplit un office
public pour lequel il a été assermenté, et qui
est appelé à déposer sur un fait relevant de
cet office, ne prête pas serment.

Il en est de même de celui qui est appelé
comme expert dans une profession ou dans
un art pour l'exercice duquel il a été assermenté.

Art. 3o6. Le témoin admis à l'assermentation est assermenté par le Directeur, d'a-
près la formule suivante :

« Vous jurez de dire toute la vérité et
» rien que la vérité.

» Vous le jurez par le nom de Dieu, et
» comme vous voulez qu'il vous assiste à vo-
» tre dernier jour. »

Avant de procéder à l'assermentation, le
Directeur des débats peut adresser au témoin
telle exhortation qu'il estime convenable.

Art. 3o7. Lorsqu'un témoin ne prête pas
serment, le Directeur peut, suivant les circonstances,

constances, et avant de procéder à son interrogatoire, l'exhorter à dire la vérité.

ART. 3o8. Les témoins déposent séparément et oralement. Ils ne peuvent être interrompus pendant leur déposition.

ART. 3o9. Le témoin qui refuse de répondre peut être condamné à l'amende statuée dans l'art. 292.

Toutefois, le témoin qui se trouve dans l'un des cas mentionnés sous le N°. 1 de l'article 3o4 n'est pas soumis à cette peine.

ART. 3io. Après la déposition du témoin, le Directeur des débats demande à l'accusé s'il a quelque chose à y répondre.

ART. 3ii. L'accusé peut critiquer la déposition du témoin, mais aucune imputation personnelle ne peut être dirigée contre celui-ci, lorsqu'elle n'a pas été alléguée d'entrée comme motif d'opposition à son assermentation, ou, lorsqu'ayant été alléguée, l'opposition n'a pas été admise.

ART. 3i2. Chaque témoin, après sa déposition, reste dans la salle d'audience, jusqu'à ce que l'instruction soit terminée, à moins que le Directeur des débats n'en ordonne autrement.

Toute communication entre l'accusé et les témoins est interdite.

ART. 3i3. Le Directeur des débats peut demander aux accusés et aux témoins tous les éclaircissemens qu'il croit nécessaires à la manifestation de la vérité.

Il leur fait présenter au besoin les pièces appartenant à la cause, et pouvant servir à conviction, afin qu'ils aient, s'il y a lieu, à les reconnaître.

Il les interroge, suivant les circonstances, en présence les uns des autres, et en confrontation.

Il peut aussi, pendant le cours des débats, faire retirer ceux des accusés ou des témoins qu'il désigne.

Lorsque la personne qui s'est retirée est un accusé, le Directeur ne reprend la suite des débats qu'après l'avoir instruite de ce qui s'est fait en son absence.

ART. 314. Les Juges, ainsi que l'officier du Ministère public, peuvent adresser des questions à l'accusé et aux témoins, en demandant la parole au Directeur des débats.

ART. 315. L'accusé ne peut faire de questions aux témoins que par l'entremise du Directeur.

La partie civile ne peut également faire de questions à l'accusé et aux témoins que par l'entremise du Directeur.

ART. 316. Le Directeur peut refuser d'adresser toute question qui ne lui paraîtrait pas convenable, sauf le recours au Tribunal.

ART. 317. Celui qui adresse ou fait adresser des questions à l'accusé ou aux témoins, ne peut se livrer à aucune discussion, soit sur les conséquences de tel ou tel fait, soit sur le droit.

Art. 318. Si l'accusé ou un témoin ne parle pas la langue française, le Directeur nomme un interprète, auquel il fait prêter serment de remplir fidèlement cet office. Le Ministère public, l'accusé et la partie civile, peuvent récuser l'interprète, s'il se trouve dans l'un des cas mentionnés aux art. 303 et 304.

L'interprète ne peut être pris parmi les Jrges, les témoins ou les conseils de l'accusé ou de la partie civile.

Le Directeur des débats, le Ministère public, ni les témoins, ne peuvent servir d'interprètes.

Art. 319. Si l'accusé ou le témoin est sourd ou muet, les questions lui sont adressées et ses réponses sont reçues par écrit.

Le Greffier en fait lecture.

Si cet accusé ou ce témoin ne sait pas écrire, le Directeur nomme pour iuterprète la personne qu'il juge la plus capable de remplir cet office. Les dispositions de l'article précédent sont applicables à cet interprète.

Art. 320. Si un accusé ou un témoin se met dans ses réponses en contradiction avec ce qu'il a déposé dans l'enquête préliminaire, le Directeur lui rappelle ses précédentes dépositions, et il peut au besoin lui en faire lecture.

Art. 321. Si un témoin entendu dans l'enquête préliminaire est dès lors décédé, ou si, ayant été cité, il n'est pas présent aux débats, sa déposition écrite dans l'enquête est lue; mais avant cette lecture, le Ministère public, l'accusé et la partie civile, peuvent exposer les motifs qu'ils auraient eu pour s'opposer à l'assermentation de ce témoin.

La déposition peut d'ailleurs être critiquée, comme si le témoin était présent.

Cette disposition s'applique au cas où il est fait lecture aux débats de la déposition qu'un témoin empêché de paraître a faite devant le Juge de Paix de son domicile, ainsi qu'il est dit à l'article 271.

ART. 322. Il est également fait lecture, s'il y a lieu, des dépositions faites dans l'enquête préliminaire par un prévenu qui serait dèslors décédé, ou qui, par quelqu'autre raison, n'aurait pu être traduit aux débats.

ART. 323. Le Directeur des débats peut, sous sa responsabilité, faire tout ce qu'il croit utile pour la manifestation de la vérité, et même permettre qu'il soit dérogé à l'art. 315.

Il peut changer l'ordre dans lequel les accusés et les témoins doivent être entendus.

Il peut aussi, dans le cours des débats, appeler, même par mandat d'amener, et entendre toutes personnes, ou se faire apporter toutes nouvelles pièces qui lui paraissent utiles.

Les témoins ainsi appelés ne prêtent pas serment, si le Ministère public, l'accusé ou la partie civile s'y opposent.

ART. 324. S'il paraît qu'un témoin a, dans

sa déposition, commis le délit de faux témoignage, le Directeur des débats peut, sur la
réquisition du Ministère public, ou d'office,
faire mettre sur-le-champ ce témoin en état
d'arrestation.

Il est dressé procès-verbal du fait et des circonstances y relatives, et le tout est envoyé
au Juge d'instruction du ressort, pour qu'il
soit procédé à une enquête.

Avant de prendre ces mesures contre le témoin, le Directeur peut lui représenter quel-
les sont les conséquences d'une fausse déposi-
tion, et l'engager à y réfléchir.

Si le Directeur refuse de faire arrêter le
témoin suspect, le Ministère public peut prendre à cet effet des conclusions, et le Tribunal
en délibère, en l'absence du Directeur des débats.

Le témoin est provisoirement mis en état
d'arrestation.

ART. 325. Dans le cas prévu à l'article précédent, le Tribunal peut ordonner, sur conclusions prises, ou d'office, le renvoi de la
cause.

ART. 326. Si dans le cours des débats, il
s'élève contre l'accusé des indices suffisans
d'avoir commis le délit pour lequel il a été
mis en état d'accusation, avec des circonstances qui le qualifient d'une manière plus
grave, le Tribunal peut, soit sur les conclusions du Ministère public, soit d'office, suspendre l'instruction, afin qu'un nouvel arrêt

de mise en accusation soit prononcé, s'il y a lieu. Si l'accusé est en liberté, il peut être mis en état d'arrestation.

Dans ce cas, il est fait mention au procès-verbal des indices qui ont motivé la suspension. Si, au contraire, les circonstances qui qualifient le délit d'une manière plus grave disparaissent, les débats continuent, et il est passé au jugement.

ART. 327. Si, dans le cours des débats, il s'élève une question incidente, le Directeur ne la soumet au Tribunal qu'autant que celui qu'il répute acteur dans l'incident a, sur son invitation, déposé des conclusions écrites.

ART. 328. Si de pareilles conclusions sont prises par le Ministère public contre l'accusé, celui-ci est admis à répondre oralement. Si elles sont prises par le Ministère public contre la partie civile, elle y répond oralement. L'accusé a le droit d'être entendu, s'il le demande.

ART. 329. Si de pareilles conclusions sont prises par l'accusé contre le Ministère public, celui-ci répond oralement. La partie civile ne peut être entendue qu'autant qu'elle en a obtenu la permission du Directeur.

ART. 330. Si l'incident s'élève entre la partie civile et l'accusé, celui contre lequel les conclusions ont été prises répond.

Le Ministère public a toujours le droit

d'être entendu avant le jugement, et de donner son préavis.

Art. 331. Toutes les fois que, dans une question incidente, il s'élève des discussions sur la question de savoir quelle est la personne qui doit être admise à parler, il en est définitivement décidé par le Directeur.

Art. 332. La question incidente étant instruite, le Directeur, le Ministère public, les parties et l'audience étant retirés, le Tribunal rend son jugement à la simple majorité des suffrages.

Le Président n'a pas voix délibérative.

Art. 333. Il est aussi prononcé sur les frais; ces frais sont réglés par le même jugement.

Art. 334. Le jugement est rédigé par écrit; il est motivé.

Le Directeur des débats, l'officier du Ministère public et les parties étant réintroduits, le Greffier donne lecture du jugement, et les débats du procès sont immédiatement repris.

Art. 335. Les témoins étant entendus, les Juges, le Ministère public, la partie civile et l'accusé ne demandant plus aucune nouvelle opération, le Directeur prononce la clôture des débats.

Cette ordonnance peut toujours, jusqu'au moment où il quitte l'audience, être révoquée par lui, dans le but de faire intervenir au procès toute déposition, objet, ou acte, pouvant aider à la manifestation de la vérité.

Si cette révocation demandée par le Ministère public, la partie civile, ou l'accusé, est
refusée par le Directeur, celui qui l'a demandée peut en faire délibérer le Tribunal.

ART. 336. Les débats ayant été déclarés
clos, la partie civile expose sa demande en
indemnités et en restitution, s'il y a lieu.

L'officier du Ministère public développe les
moyens qui appuient l'accusation, s'il veut la
soutenir.

Il est entendu aussi sur les conclusions de la
partie civile.

L'accusé présente ensuite sa défense.

Le Ministère public et la partie civile peuvent répliquer.

Dans ces cas, l'accusé peut de nouveau
prendre la parole.

Celui qui a la parole ne peut être interrom-
pu que par le Directeur.

La partie civile dépose par écrit ses conclusions en indemnités.

Le Ministère public dépose aussi par écrit
ses conclusions, en citant les articles de la loi
sur lesquels il se fonde.

Si l'accusé conclut aux dépens, il dépose
ses conclusions écrites.

ART. 337. Si l'accusé n'a pas personnellement demandé la parole, le Directeur lui
demande s'il veut ajouter quelque chose pour
sa défense.

ART. 338. Le Greffier dresse un procès-
verbal de la séance, à l'effet de constater que
les formalités prescrites ont été observées.

Ce

Ce procès-verbal doit indiquer :

Le lieu et le jour où la séance est tenue ;

Les noms du Directeur, des Juges composant le Tribunal, de l'officier du Ministère public, du conseil de l'accusé, de la partie civile s'il y en a une, et de son conseil ;

Les nom et prénoms, âge, profession, domicile et origine de l'accusé ;

Le délit dont il est accusé ;

Les noms et prénoms, âge, profession, domicile et origine des témoins ;

Les pièces produites et les objets déposés ;

Le résumé des conclusions du Ministère public, de la partie civile et de l'accusé.

Il n'est point fait mention au procès-verbal des réponses de l'accusé, ni des dépositions intervenues, sans préjudice toutefois de l'exécution des art. 324 et 326.

ART. 339. Toutes les opérations mentionnées aux articles précédens ayant eu lieu, le Directeur des débats déclare l'instruction complète, et fait retirer l'accusé et l'audience ; lui-même se retire ensuite, ainsi que l'officier du Ministère public.

Toutes les pièces sont remises au Président du Tribunal, à l'exception des dépositions faites par l'accusé et par les témoins dans l'enquête préliminaire.

ART. 340. Dès que le Directeur des débats s'est retiré, toutes les attributions qui lui sont conférées pour l'ordre et la police de l'audience passent au Président du Tribunal criminel.

CHAPITRE III.

Du Jugement.

Art. 341. Immédiatement après que le Directeur des débats s'est retiré, le Tribunal entre en délibération.

Il est présidé par le plus ancien des trois Juges de la première catégorie, (art. 21 de la loi organique.)

Art. 342. Le Tribunal délibère à huis clos et sans interruption. Il doit être au complet pour rendre son jugement.

Art. 343. Le jugement est rendu d'après la conviction morale du Juge.

Art. 344. Le Président soumet les questions qui appartiennent au jugement à rendre.

Il fait opiner, sur chaque question, en deux tours, l'un consultatif et l'autre délibératif; lui-même donne son opinion le dernier.

Art. 345. Le Greffier inscrit au fur et à mesure le résultat de la délibération.

Art. 346. Le Tribunal recherche d'abord si le fait, au sujet duquel la mise en accusation a été prononcée, est constant, et si c'est l'accusé qui en est l'auteur.

Art. 347. Lorsque les questions mentionnées dans l'article précédent sont résolues affirmativement, le Tribunal examine si le fait dont l'accusé est convaincu est réprimé

par une loi pénale, et s'il a été comm.à avec
ou sans les circonstances qui le qualifient,
qui l'aggravent ou qui l'atténuent.

Art. 348. S'il paraît exister en faveur de
l'accusé des exceptions libératoires fondées
sur la loi, ces exceptions sont examinées
ensuite.

Art. 349. Lorsqu'il y a lieu à condamnation, le Tribunal prononce la peine établie
par la loi, même dans le cas où, d'après les
débats, cette peine se trouverait être de la
compétence d'un Tribunal inférieur.

Art. 350. S'il y a divergence d'opinions
quant à la mesure de la peine, la loi fixant
un minimum et un maximum, le Président
met successivement aux voix les diverses opinions émises dans la discussion, en commençant par la plus douce, jusqu'à ce qu'une
majorité se soit formée.

Lorsque la loi laisse une alternative au
Juge sur le genre de la peine, la peine la
moins grave est mise aux voix la première.

Art. 351. La majorité de 9 voix contre 3
est nécessaire pour constater que l'accusé
est l'auteur du fait objet de l'accusation. Si
cette majorité ne se forme pas, l'accusé est
acquitté.

La condamnation à la peine de mort ne
peut être prononcée qu'à l'unanimité des
suffrages.

La majorité de 7 voix contre 5 décide dans
toutes les autres questions soumises au Tri-

(92)

bunal criminel, sauf les exceptions mentionnées aux art. 332, 354 et 364.

En cas de partage égal des voix, l'opinion
la plus favorable à l'accusé prévaut.

ART. 352. Si l'accusé n'a pas été reconnu
auteur du fait incriminé, ou si l'existence
d'un fait qui doive le faire libérer, aux termes de la loi, est reconnue en sa faveur, le
Tribunal prononce qu'il est acquitté de l'accusation. Le même jugement est rendu, lorsque le fait dont l'accusé est convaincu n'est
pas réprimé par une loi pénale.

S'il est en état d'arrestation, le Tribunal
ordonne qu'il soit immédiatement mis en
liberté, à moins qu'il n'y ait lieu de le rete-
nir pour autre cause.

ART. 353. L'accusé acquitté ne peut être
condamné aux dépens.

La condamnation à une peine emporte
toujours la condamnation aux frais de la
procédure et à ceux de la détention préven-
tive.

Si deux ou plusieurs accusés ont été condamnés dans la même cause et par un même
jugement, la répartition entr'eux des frais
de la procédure a lieu avec ou sans solidarité,
suivant les circonstances.

ART. 354. L'acquittement de l'accusation
n'emporte pas l'adjudication de dépens.

Toutefois, le Tribunal peut accorder des
dépens à l'accusé acquitté. Cette décision ne
peut être prise qu'à la majorité de 9 voix.

Dans ce cas, le même jugement fixe la somme des dépens à la majorité absolue, le Président n'ayant pas voix délibérative.

Art. 355. Lorsque, dans le cours des débats, l'accusé a été inculpé sur un autre fait que celui qui a donné lieu à l'accusation, et que le Ministère public a fait inscrire ses réserves pour la poursuite de ce fait, le Tribunal, après avoir prononcé son jugement, ordonne le renvoi de l'accusé devant le Juge compétent, à moins toutefois que l'accusé n'ait été condamné à une peine égale ou supérieure à celle qu'entraînerait le nouveau fait mis à sa charge.

Art. 356. Après que toutes les questions concernant le jugement au criminel ont été mises en règle, le Tribunal statue sur les indemnités demandées par la partie civile.

Il peut, s'il le juge convenable, commettre un ou plusieurs de ses membres, pour entendre préalablement les parties, prendre connaissance des pièces, et lui faire du tout un rapport.

Art. 357. Délibérant sur les conclusions prises, le Tribunal admet ou écarte la demande en indemnité.

Il peut modérer les indemnités réclamées, mais il ne peut pas accorder au-delà des conclusions.

Art. 358. Si l'accusé a été acquitté, comme n'étant pas convaincu d'être l'auteur du fait, la demande en indemnité formée contre lui est déclarée non recevable.

Art. 359. Toutefois, lorsque l'existence du délit a été reconnue par le Tribunal, la restitution, s'il y a lieu, n'en est pas moins ordonnée en faveur du lésé.

Cette restitution est également prononcée, dans le cas où le lésé ne se serait pas constitué partie civile.

Art. 360. Si l'accusé a été acquitté, quoique reconnu auteur du fait, le Tribunal décide, suivant les circonstances, s'il y a lieu ou non à le condamner à payer des indemnités.

Art. 361. En cas de faux, le Tribunal peut, en acquittant l'accusé, déclarer fausse la pièce incriminée, et ordonner qu'il soit procédé à son égard conformément à l'article suivant.

Art. 362. Les actes déclarés faux, en tout ou en partie, par un jugement définitif, sont biffés ou réformés par le Greffier du Tribunal, qui devra dresser procès-verbal de cette opération.

Art. 363. Les pièces de comparaison sont remises aux dépositaires, au plus tard dans les 15 jours dès le jugement définitif.

Art. 364. En cas d'acquittement de l'accusé, la partie civile peut être condamnée à une amende qui n'excède pas quatre cents francs.

La majorité de neuf voix est nécessaire pour décider qu'il y a lieu à prononcer une amende.

La majorité absolue suffit pour en déterminer la quotité, le Président n'ayant pas voix délibérative.

ART. 365. Le Greffier rédige l'arrêt, sous la direction du Président, d'après le résultat des délibérations. L'arrêt énonce :

a) Les faits admis pour constans, ainsi que toutes les circonstances aggravantes ou atténuantes qui ont été prises en considération par le Tribunal ;

b) Les dispositions textuelles de la loi sur lesquelles il est fondé ;

c) Que le Tribunal était au complet ;

d) Le nombre de suffrages auquel chaque décision a été rendue.

ART. 366. La minute de l'arrêt, approuvée par le Tribunal, est signée par le Président et par le Greffier.

ART. 367. L'arrêt étant rendu, le Président fait avertir l'officier du Ministère public. L'accusé est ramené à la barre. La séance est de nouveau publique.

ART. 368. L'arrêt est prononcé à haute voix par le Président.

ART. 369. Après avoir prononcé l'arrêt, le Président peut, suivant les circonstances,

exhorter l'accusé à la fermeté, à la résigna-
tion, ou à réformer sa conduite.

Il l'avertit de la faculté qui lui est accordée de se pourvoir en cassation, et du terme
dans lequel il peut exercer cette faculté.

ART. 370. Toutes les opérations ci-dessus
prescrites sont mentionnées au procès-verbal
tenu par le Greffier, conformément à l'article 338.

Ce procès-verbal est lu à huis clos avant la
levée de la séance du Tribunal, et après
qu'il a été adopté, il est signé par le Président et par le Greffier.

Si le procès-verbal n'est pas conforme aux
dispositions de la loi, le Greffier peut être
puni d'une amende qui n'excède pas deux
cents francs.

ART. 371. Le procès-verbal de la séance
et la minute de l'arrêt restent déposés au
Greffe du Tribunal de première instance du
District.

Tanscription en est faite au registre criminel, par le Greffier, dans le plus bref délai.

TITRE II.

Des Débats et du Jugement devant les Tribunaux correctionnels.

CHAPITRE Ier.

Des Débats et du Jugement des Tribunaux correctionnels, jugeant ensuite de mise en accusation.

SECTION I.

Des opérations préliminaires aux Débats.

Art. 372. Le Président du Tribunal correctionnel, auquel la cause a été renvoyée, a la direction du procès.

Il pourvoit, concurremment avec l'officier du Ministère public, à ce que les opérations préliminaires se fassent avec célérité.

' Il doit s'opposer à tout retard dont la nécessité ne serait pas reconnue.

Art. 373. Il peut demander l'assistance du Préfet et des Syndics, et requérir, au besoin, la force publique.

Art. 374. Si l'accusé est en état d'arrestation, le Président exerce, à son égard, les attributions mentionnées en l'art. 235.

Art. 375. L'accusé d'un délit relevant du Tribunal correctionnel doit être jugé dans les quinze jours dès celui où le Président a reçu l'arrêt d'accusation.

Si des circonstances extraordinaires néces-
sitent une prolongation de ce terme, le Président les indique dans une déclaration qui
est annexée aux pièces du procès.

Art. 376. Dans les trois jours dès la réception des pièces mentionnées en l'art. 208,
le Président fixe, de concert avec l'officier
du Ministère public, le jour des débats. Il
en donne immédiatement connaissance aux
membres du Tribunal, à l'accusé et à la partie civile, s'il y en a une.

Le jour fixé est inscrit sur le registre du
Tribunal.

Art. 377. Si l'accusé est en liberté, il est
cité, comme il est dit à l'art. 240. .

Art. 378. Le Juge qui estime être dans un
des cas de récusation mentionnés en la rticle
249, ou qui se trouve dans l'impossibilité
d'assister aux débats, doit en prévenir immédiatement le Président.

Art. 379. Dans le terme prescrit à l'art.
376, le Président notifie à l'accusé l'arrêt et
l'acte d'accusation, ainsi que les récusations
présentées par le Ministère public.

Il le prévient, de plus, que s'il a des récusations de Juges à présenter, il doit le faire
dans les trois jours suivans, et que le même
délai lui est accordé pour fournir ses observations sur les récusations présentées par le
Ministère public.

Art. 380. Si l'accusé est détenu et n'a pas

fait choix d'un défenseur, le Président doit lui en nommer un d'office.

L'article 242 est applicable au choix du défenseur.

ART. 381. Les art. 243, 244, 245 et 246, sont applicables aux causes relevant des Tribunaux correctionnels.

ART. 382. L'accusé a la faculté de récuser péremptoirement deux Juges. La récusation péremptoire ne peut être exercée contre le Président.

ART. 383. Le Ministère public, l'accusé et la partie civile peuvent récuser, en alléguant leurs motifs, tout membre du Tribunal qui se trouve dans un des cas mentionnés à l'article 249.

ART. 384. Dans les trois jours dès les notifications qui lui ont été faites, conformément à l'art. 379, l'accusé fait inscrire au Greffe ses récusations, tant motivées que péremptoires, et sa détermination sur les récusations présentées par le Ministère public.

Le Greffier en donne immédiatement connaissance à l'officier du Ministère public.

ART. 385. Dans les deux jours qui suivent cette communication, l'officier du Ministère public fait inscrire au Greffe ses observations sur les récusations présentées par l'accusé.

ART. 386. Si la partie civile a des récusations à présenter, elle doit les notifier au Ministère public et à l'accusé, dans le terme de trois jours dès celui où il lui a été donné connaissance de la fixation du jour des débats, conformément à l'art. 376.

ART. 387. Dans les deux jours dès cette notification, l'officier du Ministère public et l'accusé font inscrire au Greffe leurs observations sur les récusations présentées par la partie civile.

ART. 388. Aussitôt après l'expiration des délais mentionnés aux articles 385 et 387, le Greffier communique au Président tous les actes relatifs aux récusations.

ART. 389. Il est procédé ensuite comme il est dit aux articles 256, 257 et 259. Tout ce qui, dans ces articles, concerne le Directeur des débats, s'applique au Président du Tribunal correctionnel.

ART. 390. La récusation spontanée du Président est nécessairement portée au Tribunal de Cassation.

ART. 391. Si les membres restans ne sont plus en nombre suffisant, le Président fait inscrire au Greffe les noms des Juges destinés à remplacer les Juges récusés ou empêchés. Communication en est donnée immédiatement à l'officier du Ministère public et à l'accusé. La partie civile peut en prendre connaissance au Greffe.

Si la nomination d'un suppléant donne lieu à une nouvelle demande en récusation, cette demande doit être annoncée au Président vingt-quatre heures au moins avant l'ouverture des débats.

Art. 392. Dix jours, au plus tard, avant l'ouverture des débats, la partie civile et l'accusé font inscrire au Greffe la liste des témoins qu'ils veulent assigner, en se conformant, pour l'indication de ces témoins, à ce que prescrit l'art. 260.

Le Greffier donne immédiatement communication de ces listes à l'officier du Ministère public.

Art. 393. Dans les deux jours qui suivent cette communication, l'officier du Ministère public procède, s'il y a lieu, conformément à l'art. 261.

Art. 394. Les dispositions des articles 262 et suivans jusqu'au 271 inclusivement, sont applicables aux causes relevant des Tribunaux correctionnels. Tout ce qui, dans ces dispositions, concerne le Directeur des débats, s'applique au Président du Tribunal correctionnel.

SECTION II.

Des Débats.

Art. 395. Sept Juges, au moins, doivent être présens dès l'ouverture des débats et durant toute l'instruction.

Des raisons majeures et reconnues telles par le Tribunal, peuvent seules autoriser un Juge à quitter la séance.

Si le Tribunal vient à cesser d'être au nombre légal, les débats doivent être suspendus ou renvoyés.

Art. 396. Les dispositions des art. 275 à 282 inclusivement, concernant la police de l'audience, s'appliquent au Tribunal correctionnel et à son Président.

Art. 397. Le Président et le Tribunal exercent la police sur les Avocats qui paraissent à l'audience, conformément à la loi sur la police du barreau.

L'appel, s'il y a lieu, est porté au Tribunal de Cassation.

Art. 398. S'il se commet du désordre à l'audience, le Président peut faire sortir les perturbateurs, et si cette mesure ne suffit pas, le Tribunal peut ordonner qu'ils soient conduits à la maison d'arrêt, pour un temps qui ne peut excéder deux fois 24 heures.

Si le tumulte est accompagné de faits donnant lieu à l'application de peines de police, ces peines peuvent être prononcées par le Tribunal, séance tenante, sur les conclusions du Ministère public.

Art. 399. Lorsqu'à l'audience le prévenu ou l'un des assistans se permettrait d'insulter, d'injurier, d'outrager ou de menacer le Tribunal entier, ou l'un de ses membres, ou l'officier du Ministère public, le Tribunal peut infliger au délinquant la peine statuée par la loi pénale, jusqu'à six semaines de détention.

Cette peine peut être prononcée, soit sur la réquisition du Ministère public, soit d'office. Si elle est prononcée contre l'accusé, elle se cumule avec celle qu'il a pu encourir sur le fond.

ART. 400. Les dispositions de l'article précédent sont applicables aux insultes, injures, outrages ou menaces faites aux témoins.

ART. 401. Si l'accusé rend, par sa conduite, les débats impossibles en sa présence, il peut y être suivi en son absence, et on peut passer au jugement, comme s'il était présent. Le défenseur de l'accusé est admis à présenter sa défense.

ART. 402. Les débats sont dirigés par le Président du Tribunal.

Il y est procédé comme devant les Tribunaux criminels, ainsi qu'il est dit aux articles 288, 289, 290 et 292 (sauf les modifications mentionnées en l'art. 405), 293 à 308 inclusivement, 310 à 324 inclusivement, et 335.

ART. 403. Si une demande en récusation a été élevée contre un suppléant, conformément à l'art. 391, il en est jugé; à l'ouverture des débats, par les autres membres composant le Tribunal. Si la récusation est admise, le Tribunal nomme un nouveau suppléant, et le fait appeler immédiatement.

ART. 404. Le Ministère public, l'accusé et la partie civile, peuvent s'opposer à l'audition d'un témoin qui n'a pas été indiqué d'avance, conformément aux art. 393 et 394, à moins que ce témoin ne soit appelé par le Président.

(104)

Art. 405. L'amende que le Tribunal peut prononcer contre le témoin en défaut ne peut excéder cent francs.

Si le témoin condamné ne s'est pas présenté tandis que le Tribunal était encore assemblé, et que les débats n'aient pas été renvoyés, il peut demander au Tribunal le relief du jugement rendu contre lui, dans les huit jours dès la notification qui lui en a été faite.

Dans ce cas, le Tribunal fixe un jour où le témoin doit se présenter devant lui, et, après avoir entendu ses moyens d'excuse, il prononce définitivement.

Art. 406. L'article 309 est applicable au cas où un témoin refuse de répondre. Toutefois, l'amende ne peut excéder cent francs.

Art. 407. S'il résulte des débats que la cause aurait dû être portée devant un Tribunal criminel, ou s'il s'élève des indices suffisans que l'accusé a commis le délit pour lequel il a été mis en accusation, avec des circonstances qui le qualifient d'une manière plus grave, le Tribunal peut, soit sur les conclusions du Ministère public, soit d'office, suspendre l'instruction, afin qu'un nouvel arrêt d'accusation soit prononcé, s'il y a lieu.

Dans les deux cas, le procès-verbal fait mention des indices qui motivent la suspension. Si la demande du Ministère public n'est pas admise, il peut, en l'annonçant immédiatement, recourir au Tribunal d'Accusation, qui, dans le plus bref délai, et au plus tard

trois

trois jours après la réception des pièces, rend
son arrêt, après avoir entendu le préavis du
Procureur Général.

L'accusé a le droit d'envoyer un mémoire.

Le recours suspend provisoirement les débats et le jugement.

Art. 408. Si, dans le cours des débats, les
circonstances qui qualifient le délit disparaissent, l'instruction continue, et il est passé
au jugement.

Art. 409. Les questions soumises incidemment au Tribunal correctionnel, sont jugées
d'après les formes prescrites aux art. 327 à
334 inclusivement.

Néanmoins, le Président ne se retire pas
pour le jugement, et il prend part à la délibération.

La décision est prise à la simple majorité.

Si les Juges sont au nombre de huit, la voix
du Président n'est pas comptée.

Art. 410. Le Ministère public, l'accusé et
la partie civile sont entendus, comme il est
dit aux articles 336 et 337.

Art. 411. Le Greffier dresse un procès-
verbal de la séance, en se conformant aux
dispositions de l'art. 338.

Art. 412. L'instruction ayant été déclarée
complète par le Président, le Ministère public, l'accusé et la partie civile se retirent,
ainsi que l'audience.

Immédiatement après et sans désemparer,
le Tribunal entre en délibération.

SECTION III.

Du Jugement.

ART. 413. Le Tribunal délibère à huis clos et sans interruption. Les Juges doivent être au moins au nombre de sept pour rendre un jugement. Ils prononcent d'après leur conviction morale.

ART. 414. Les art. 344, 345, 346, 347, 348, 349, 350, 352, 353, 354, 355, 356, 357, 358, 359, sont applicables aux jugemens des Tribunaux correctionnels.

ART. 415. La majorité nécessaire pour constater que l'accusé est l'auteur du fait, objet de l'accusation, est de sept voix, si le Tribunal est au complet; de six voix s'il n'y a que huit Juges; et de cinq voix s'il n'y a que sept Juges présens.

Lorsque cette majorité ne se forme pas, l'accusé est acquitté.

La même majorité est nécessaire pour prononcer l'adjudication des dépens en faveur de l'accusé acquitté.

La majorité de cinq voix décide dans toutes les autres questions soumises au Tribunal correctionnel, sauf l'exception mentionnée en l'art. 409. A égalité de voix, l'opinion la plus favorable à l'accusé prévaut.

ART. 416. En cas d'adjudication des dépens, le Tribunal détermine la somme des dépens dans le même jugement et à la

majorité absolue, le Président n'ayant pas
voix délibérative si les Juges sont au nombre
de huit.

Art. 417. Si l'accusé est acquitté, et qu'il
résulte des débats que la partie civile a inu-
tilement augmenté les frais du procès, ou
qu'elle a agi inconsidérément et avec trop
de légèreté, elle peut être condamnée à une
amende qui n'excède pas deux cents francs.

La majorité mentionnée dans le premier
dispositif de l'art. 415 est nécessaire pour décider qu'il y a lieu à prononcer une amende.
La simple majorité suffit pour en fixer la
quotité.

Art. 418. Le Greffier rédige le jugement,
comme il est dit à l'art. 365.

Le jugement doit indiquer le nombre des
membres qui y ont participé, ainsi que le
nombre des suffrages auquel chaque décision
a été rendue.

Art. 419. Le jugement est transcrit au
registre correctionnel. Les dispositions des
art. 366 à 371 inclusivement, sont applicables
aux jugemens des Tribunaux correctionnels.

CHAPITRE II.

*Des débats et du jugement devant les Tribu-
naux correctionnels, jugeant sommairement
et sans mise en accusation.*

Art. 420. Les causes qui, d'après une disposition spéciale de la loi, sont portées de-

vant les Tribunaux correctionnels chargés de les juger sommairement et sans mise en accusation, sont jugées par ces Tribunaux dans la forme ordinaire, sauf les modifications suivantes.

ART. 421. Le Tribunal est saisi, conformément à l'article 428 du présent Code. Le premier dispositif de l'art. 429 est applicable.

ART. 422. Il n'y a ni enquête préliminaire, ni arrêt, ni acte d'accusation.

ART. 423. Le prévenu reste en liberté, sans fournir caution, à moins que la loi n'en ordonne autrement.

ART. 424. Les Juges peuvent être récusés dans les cas prévus à l'art. 249. Si une demande en récusation est présentée, il en est jugé, séance tenante, par les membres restans; si la récusation est admise, le Tribunal pourvoit immédiatement au remplacement.

ART. 425. Les témoins sont cités sous l'autorité du Président, par l'officier du Ministère public, par l'accusé et par la partie civile. Ces citations ont lieu sans communication réciproque de liste de témoins.

ART. 426. Les Juges prononcent d'après la conviction morale, sauf les cas où la loi donne force de preuve au contenu d'un rapport ou d'un procès-verbal officiel.

La disposition de l'art. 444 est ici applicable.

TITRE III.

De la Procédure devant les Tribunaux de police.

ART. 427. Dans les causes relevant des Tribunaux de police, il n'y a ni enquête préliminaire, ni arrêt, ni acte d'accusation.

ART. 428. Les Tribunaux de police sont saisis par une plainte ou dénonciation, ou par des actes et procès-verbaux des officiers de police chargés de surveiller et de constater les contraventions, ou enfin par renvoi du Tribunal d'Accusation ou du Juge d'instruction.

ART. 429. Aussitôt que les plaintes, dénonciations, et autres pièces mentionnées à l'article précédent, sont parvenues au Tribunal ou à son Président, ce magistrat en fait inscription sur un registre *ad hoc* déposé au Greffe. Le jour de la réception y est indiqué.

Le Président fait connaître au Substitut du Procureur Général du ressort, toutes les causes portées devant le Tribunal de police, en le prévenant du jour fixé pour le jugement de chaque cause.

ART. 430. Le Ministère public peut faire des réquisitions dans les causes relevant des Tribunaux de police.

L'officier du Ministère public qui se propose de se présenter devant le Tribunal pour le jugement d'une cause, doit l'annoncer par inscription au Greffe, au moins vingt-quatre heures à l'avance.

Art. 431. Le prévenu fait citer ou amène les témoins qu'il se propose de faire entendre.

Art. 432. La partie civile peut intervenir devant les Tribunaux de police, jusqu'à la clôture de l'instruction.

Elle n'est admise à se faire assister d'un conseil qu'autant que le prévenu en auroit un.

Elle fait citer ou amène les témoins qu'elle se propose de faire entendre.

Art. 433. Les Tribunaux de police s'assemblent à l'ordinaire de quinzaine en quinzaine.

Le Président fixe à la première séance, autant que faire se peut, le jugement de toutes les affaires qui lui sont parvenues. Celles qui sont arrivées trop tard pour être jugées à la première séance, sont nécessairement appelées à la séance suivante.

Toutefois le Tribunal peut accorder un délai au prévenu, si celui-ci se trouve empêché de paraître.

Art. 434. Le Président fait citer pour le jour du jugement, et au plus tard deux fois vingt-quatre heures à l'avance, le prévenu, ainsi que le dénonciateur et les autres témoins que ce magistrat veut faire entendre. La citation donnée au prévenu l'avise qu'il sera passé au jugement même en son absence.

Art. 435. L'instruction est orale et publique.

Art. 436. Le prévenu ne peut se faire assister par un défenseur qu'autant que l'officier
du Ministère public intervient.

Art. 437. Les membres du Tribunal peuvent être récusés pour les causes spécifiées à
l'article 249.

Il est jugé sur les récusations, séance tenante, successivement et définitivement, par
les membres restans. En cas de partage des
voix, celle du Juge le premier en rang est
prépondérante.

Art. 438. Si la récusation est admise, le
remplacement a lieu conformément à l'art.
47 de la loi organique.

Art. 439. Le Président a la police de l'audience.

Il rappelle à l'ordre ceux qui s'en écartent;
il peut les renvoyer de l'audience, et, si le désordre est grave, le Tribunal peut en punir
les auteurs, séance tenante, par une détention qui n'excède pas deux fois vingt-quatre
heures.

Art. 440. Lorsqu'à l'audience le prévenu
ou l'un des assistans se permettraient d'insulter, d'injurier, d'outrager ou menacer le Tribunal entier, ou l'un de ses membres, ou l'officier du Ministère public, le Tribunal peut
infliger au délinquant la peine statuée par la
loi pénale, jusqu'à quinze jours de détention.

Cette peine peut être prononcée, soit sur

la réquisition du Ministère public, soit d'office. Si elle est prononcée contre le prévenu,
elle se cumule avec celle qu'il a pu encourir
sur le fond.

ART. 441. Les dispositions de l'article précédent sont applicables aux insultes, injures,
outrages ou menaces faites aux témoins.

ART. 442. Si le prévenu rend, par sa conduite, les débats impossibles en sa présence,
il peut y être suivi en son absence, et on peut
passer au jugement, comme s'il était présent.

ART. 443. L'instruction se fait dans l'ordre
suivant :

Les procès-verbaux, s'il y en a, sont lus
par le Greffier.

Le prévenu est interrogé sur le fait mis à
sa charge.

Les témoins sont ensuite entendus, s'il y a
lieu.

ART. 444. Nul n'est admis à faire preuve
par témoins contre le contenu des procès-verbaux ou rapports, qui, d'après la loi, font
preuve jusqu'à inscription de faux.

Toutefois, si le prévenu, sans s'inscrire en
faux, allègue qu'il y a erreur de la part du
fonctionnaire auteur du rapport soit procès-
verbal fondant la prévention, le Président
peut, suivant les circonstances, interroger ce
fonctionnaire et lui demander des explications. Dans ce cas, le rapport ou procès-verbal ne fait preuve qu'autant qu'il est confirmé
par son auteur.

ART. 445.

Art. 445. Les témoins sont assermentés, à moins qu'ils ne se trouvent dans un des cas prévus aux art. 3o3 et 3o4. S'il y a opposition à leur assermentation, le Tribunal en juge sur-le-champ et définitivement.

Art. 446. Le Tribunal peut obliger à paraître, même par mandat d'amener, le témoin qui fait défaut. Il peut, de plus, lui infliger une amende qui n'excède pas cinquante francs.

Le témoin en défaut peut, en outre, être condamné aux frais, si le renvoi de la cause est jugé nécessaire.

Le jugement rendu contre le témoin lui est notifié.

Art. 447. Dans le cas de l'article précédent, le témoin paraissant devant le Tribunal peut, s'il présente des excuses suffisantes, être déchargé de la peine en tout ou en partie.

Art. 448. Le Greffier dresse un procès-verbal sommaire des opérations, renfermant les noms des Juges, du prévenu, des témoins, et, s'il y a lieu, de l'officier du Ministère public et de la partie civile, l'indication des pièces produites, et le jugement.

Art. 449. Si le procès-verbal n'est pas conforme aux dispositions de la loi, le Greffier peut être puni d'une amende de 6 à 6o francs.

Art. 45o. Le Tribunal doit être au complet, soit pour l'instruction, soit pour le jugement.

(114)

ART. 451. Les Juges prononcent, séance
tenante, d'après leur conviction morale, sauf
le cas où la loi donne force de preuve au contenu d'un rapport ou procès-verbal officiel,
et la délibération a lieu à huis clos.

Le jugement est prononcé à la majorité
des suffrages; il est rapporté en public.

ART. 452. Le jugement énonce les faits
reconnus pour constans, et indique l'article
de la loi qui est appliqué.

ART. 453. Si le fait signalé ne constitue
pas de délit, le prévenu est acquitté, mais
il peut être condamné aux dommages-intérêts.

ART. 454. Le Tribunal de police peut,
d'office, se déclarer incompétent. Dans ce
cas, il transmet les pièces au Procureur
Général. Si ce dernier estime que le Tribunal
s'est à tort déclaré incompétent, il en réfère
au Tribunal d'Accusation. Si, au contraire,
il admet l'incompétence proposée par le
Tribunal de police, il renvoye l'affaire au
Juge d'instruction compétent.

ART. 455. Des dépens ne peuvent être
alloués au prévenu qu'à l'unanimité des suffrages. Dans ce cas, ils sont immédiatement
réglés à la majorité.

ART. 456. Si l'accusé est acquitté, et qu'il
résulte des débats que la partie civile a inu-
tilement augmenté les frais du procès, ou
qu'elle a agi inconsidérément et avec légè-

reté, elle peut être condamnée à une amende qui n'excède pas 3o francs.

ART. 457. La minute du jugement est signée, séance tenante, par le Président et par le Greffier.

ART. 458. S'il résulte des débats la nécessité d'entendre de nouveaux témoins ou de se procurer de nouveaux renseignemens, le Tribunal peut ordonner le renvoi à la quinzaine suivante.

Ce renvoi ne peut avoir lieu qu'une seule fois.

ART. 459. Si le condamné ou la partie civile veulent se pourvoir en cassation, ils doivent le faire par acte déposé au Greffe, dans le terme de trois fois 24 heures dès le prononcé du jugement.

ART. 46o. Lorsque le délai mentionné à l'article précédent s'est écoulé, sans qu'il y ait eu recours en cassation, le jugement est expédié dans les vingt-quatre heures, par le Greffier, à l'officier du Ministère public de l'arrondissement.

L'expédition est signée par le Président et par le Greffier.

Le Greffier qui contrevient aux dispositions du présent article, peut être condamné, par le Tribunal de police, à une amende qui n'excède pas cinquante francs.

TITRE IV.

De la Cassation.

CHAPITRE Ier.

Des cas où il peut y avoir recours en cassa-
tion.

ART. 461. Il peut y avoir recours au Tribunal de Cassation, soit par le Ministère public, soit par le condamné, soit par la partie
civile, contre tout jugement rendu par un
Tribunal criminel, correctionnel ou de police,
lorsque, par ce jugement, il a été fait une
fausse application de la loi pénale ou de la loi
civile.

ART. 462. La nullité du jugement rendu
par un Tribunal criminel peut être demandée, soit par le Ministère public, soit par le
condamné, dans les cas suivans :

a) S'il n'est pas constaté par le procès-verbal que le Tribunal a été au complet,
tant pour les débats que pour le jugement, conformément aux art. 272
et 342 ;

b) Si, après l'appel et l'assermentation des
témoins, l'un d'eux est demeuré dans
la salle d'audience avant d'avoir été
entendu ;

c) Si le Tribunal n'est pas entré en délibération immédiatement après les
débats, conformément à l'art. 341.

d) S'il n'est pas constaté par le procès-verbal que les décisions ont été rendues aux majorités prescrites par l'art. 351.

Art. 463. Le condamné peut, en outre, demander la nullité du jugement, dans les cas suivans :

a) Si l'acte et l'arrêt d'accusation, ainsi que la liste des Juges, ne lui ont pas été notifiés, conformément à l'article 237 ;

b) S'il ne lui a pas été nommé un défenseur, conformément aux articles 237 et 242. Cette disposition n'est applicable qu'au cas où le condamné était en état d'arrestation.

Art. 464. La nullité du jugement peut aussi être demandée par la partie civile pour ce qui la concerne, dans les cas suivans :

a) S'il n'est pas constaté par le procès-verbal que le Tribunal était au complet, tant pour les débats que pour le jugement, conformément aux articles 272 et 342 ;

b) Si la partie civile ayant été condamnée à une amende, il n'est pas constaté par le procès-verbal que cette amende a été prononcée à la majorité requise par l'art. 364.

Art. 465. La nullité d'un jugement rendu par un Tribunal correctionnel peut être demandée, it par le Ministère public, soit par le condamné, dans les cas suivans : · · ·

a) S'il n'est pas constaté par le procès-verbal que le Tribunal a été au nombre de Juges voulu par l'article 3g5, tant pour les débats que pour le jugement ;

b) Si après l'appel et l'assermentation des témoins, l'un d'eux est demeuré dans la salle d'audience avant d'avoir été entendu ;

c) Si le Tribunal n'est pas entré en délibération immédiatement après les débats, conformément à l'art. 412 ;

d) S'il n'est pas constaté par le procès-verbal que les décisions ont été rendues aux majorités prescrites par l'art. 415.

ART. 466. Le condamné peut, en outre, demander la nullité du jugement :

a) Si, dans les cas exigés par la loi, l'acte et l'arrêt d'accusation ne lui ont pas été notifiés ;

b) Si, étant en état d'arrestation, il n'a pas été pourvu d'un défenseur, conformément à l'art. 380 ;

c) Si la peine prononcée, ou si l'indemnité civile accordée excède la compétence du Tribunal correctionnel.

ART. 467. La nullité du jugement peut aussi être demandée par la partie civile pour ce qui la concerne, dans les cas suivans :

a) S'il n'est pas constaté par le procès-verbal que le Tribunal était au nombre de Juges voulu par l'article 395, tant pour les débats que pour le jugement;

b) Si, la partie civile ayant été condamnée à une amende, il n'est pas constaté par le procès-verbal que cette amende a été prononcée à la majorité voulue par l'art. 417.

ART. 468. La nullité du jugement rendu par un Tribunal de police peut être demandée, soit par le Ministère public, soit par le condamné, dans les cas suivans :

a) S'il n'est pas constaté par le procès-verbal que le Tribunal était au complet, tant pour les débats que pour le jugement;

b) Si le Tribunal s'est attribué le jugement d'une affaire dont la connaissance ne lui est pas déférée par la loi, ou s'il a prononcé une peine excédant les limites de sa compétence.

ART. 469. La nullité de la sentence rendue par une Municipalité peut être demandée par le condamné et par le Ministère public, si la Municipalité s'est attribuée la connaissance d'une affaire dont la connaissance ne lui est pas attribuée par la loi, ou si elle a prononcé une peine excédant les limites de sa compétence.

ART. 470. La nullité d'un jugement rendu

par un Tribunal, en matière pénale, peut être demandée, soit par le Ministère public, soit par le condamné, soit par la partie civile, dans tous les cas où une disposition spéciale et expresse de la loi statue la nullité pour cause d'inobservation des formes légales.

CHAPITRE II.

Des formes à suivre pour recourir en cassation.

ART. 471. Le Ministère public, le condamné ou la partie civile, qui veulent se pourvoir en cassation contre le jugement rendu par un Tribunal criminel ou par un Tribunal correctionnel, doivent le faire dans les trois fois vingt-quatre heures dès le jugement, par un acte déposé au Greffe et signé par le recourant et par le Greffier.

Si le condamné ou la partie civile ne peut écrire, mention est faite de cette circonstance par le Greffier.

ART. 472. Si le condamné est en état d'arrestation, le Greffier doit se transporter dans la prison pour recevoir sa déclaration de recours, lorsque la demande lui en est faite par l'intermédiaire d'un parent, du défenseur, ou du geôlier, qui ne peut s'y refuser.

ART. 473. Le condamné ou la partie civile qui veut se pourvoir en cassation contre le jugement rendu par un Tribunal de police, doit procéder comme il est dit à l'art. 471.

ART. 474.

Art. 474. Dans les trois fois vingt-quatre heures dès la réception du jugement d'un Tribunal de police, conformément à l'article 460, l'officier du Ministère public peut faire inscrire au Greffe son recours en cassation, comme il est dit à l'art. 471.

Art. 475. Le condamné qui veut recourir contre la sentence rendue par une Municipalité, doit en faire la déclaration verbale ou écrite devant le secrétaire Municipal, dans les vingt-quatre heures dès la communication de la sentence municipale.

Le secrétaire remet une copie de la sentence, avec la déclaration du recours, au recourant, qui envoie, dans les trois jours, ces pièces au Président du Tribunal de Cassation. Il peut les accompagner d'un mémoire.

Lorsque le Ministère public veut recourir en cassation contre une sentence rendue par une Municipalité, il peut le faire dans le délai de trente jours, nonobstant l'exécution.

Art. 476. Les déclarations mentionnées aux art. 471, 472, 473, 474 et 475, doivent contenir l'indication des motifs qui fondent le recours en cassation.

Art. 477. Le recours en cassation exercé par le Ministère public est, à son instance, notifié au condamné dans le délai de deux jours dès celui de la déclaration mentionnée aux art. 471, 473 et 474.

Art. 478. Trois jours au plus tard après

l'expiration du terme fixé pour le recours en
cassation, le Greffier de District transmet,
en cas de recours, les déclarations intervenues et toutes les pièces au Président du
Tribunal de Cassation.

SECTION 1.

Dispositions communes à tous les jugemens du Tribunal de Cassation.

ART. 479. A la réception des pièces mentionnées à l'art. 478, le Président fixe le jour
du jugement dans le plus bref délai.

Le Procureur Général et le défenseur sont
avisés, par lettre, du jour qui a été fixé.

Si l'accusé condamné ou non est en liberté
provisoire, il en est aussi avisé par exploit.

ART. 480. Le Tribunal de Cassation ne
peut rendre aucun jugement s'il n'y a au
moins sept Juges présens.

Les décisions sont rendues à la majorité
absolue des Juges présens.

S'ils sont en nombre pair, le Président
n'a pas voix délibérative.

ART. 481. Par exception aux dispositions
de l'article précédent, le Tribunal doit être
au complet, si la peine de mort peut être
appliquée.

Lorsque le Tribunal criminel n'a pas appliqué la peine de mort, elle ne peut l'être
par le Tribunal de Cassation qu'à l'unanimité des suffrages. Dans ce cas, mention

expresse de cette unanimité est faite au procès-verbal.

ART. 482. Le Tribunal prononce par un seul arrêt sur tous les motifs de cassation présentés contre le jugement.

ART. 483. La délibération porte d'abord sur les moyens de nullité s'il en a été présenté, en suivant l'ordre dans lequel ont eu lieu les actes de procédure attaqués. Elle porte ensuite, s'il y a lieu, sur les moyens tirés de la fausse application de la loi.

ART. 484. Si aucun des moyens de recours n'est admis, le Tribunal rejette le pourvoi. Dans ce cas, il ne peut être apporté aucune modification au jugement.

ART. 485. Dans le cas où le recours a été admis, le jugement annulé et la cause renvoyée à un autre Tribunal, comme il est dit aux art. 495, 497, 501, 502 et 506, il ne peut y avoir recours en cassation contre le nouveau jugement que pour les motifs exprimés à l'art. 461.

Le Tribunal de Cassation procède alors comme il est dit aux art. 498, 503 et 508.

ART. 486. Le Président du Tribunal de Cassation a la police de l'audience; il exerce tous les droits attribués au Directeur des débats par les art. 282, 283, 284 et 285. Si le rappel à l'ordre ne suffit pas, le Tribunal peut procéder comme il est dit aux mêmes articles.

SECTION II.

*Dispositions particulières au recours en cassation
contre le jugement d'un Tribunal criminel.*

ART. 487. Au jour fixé pour le jugement,
le Procureur Général, le défenseur et la partie civile, s'il y a lieu, se présentent devant
le Tribunal.

Néanmoins, si le recours est formé par le
condamné seulement ou par la partie civile,
le défenseur peut envoyer un mémoire.

L'accusé en état d'arrestation n'est pas
amené.

La séance est publique, à moins de décision
contraire du Tribunal.

ART. 488. Le Greffier fait lecture à haute
voix :

   a) De l'arrêt d'accusation et de renvoi ;

   b) Du procès-verbal des débats et du juge-
       ment ;

   c) Des déclarations de recours.

ART. 489. Cette lecture achevée, le Président donne la parole au recourant.

Si le recours est exercé à-la-fois par le Ministère public et par l'accusé, le Procureur
Général a la parole le premier.

ART. 490. Si le recours est exercé par le
Ministère public, le défenseur répond, ainsi
que la partie civile, s'il y a lieu.

ART. 491. Si le recours est exercé par le
condamné, le Procureur Général répond,

ainsi que la partie civile, s'il y a lieu. Celle-ci répond la première, si le recours ne porte que sur la question des indemnités civiles.

ART. 492. Si le recours est exercé par la partie civile, le défenseur répond, et le Procureur Général est ensuite entendu.

ART. 493. Le Tribunal peut admettre une réplique, mais dans ce cas celui qui combat le recours a droit de répondre.

ART. 494. Les plaidoieries terminées, le Procureur Général, le défenseur et la partie civile se retirent, et le Président fait retirer l'audience.

ART. 495. Lorsque le Tribunal de Cassation a admis le recours, par un des motifs prévus aux lettres *a*, *b* et *c* de l'art 462 ou à l'art. 463, il annule en entier le jugement, et il renvoie la cause au Tribunal criminel qui n'a pas jugé.

Ce Tribunal se réunit à Aubonne si la cause a été renvoyée au Tribunal du second arrondissement, et à Moudon si elle l'a été au Tribunal du premier arrondissement.

ART. 496. Si le Directeur des débats a fonctionné dans le premier jugement, il est remplacé par son Substitut, et *vice versa*.

Le Procureur Général peut fonctionner lui-même devant le Tribunal auquel la cause est renvoyée, ou désigner l'un de ses Substituts pour le remplacer.

ART. 497. Le jugement est de même annulé, et la cause renvoyée, comme il est dit à l'art. 495, si le procès-verbal n'indique pas à quelle majorité a été décidée la question de savoir si l'accusé est l'anteur du fait objet de l'accusation.

Art. 498. Dans tous les autres cas que ceux mentionnés aux art. 495 et 497, le Tribunal, en cassant le jugement, réforme la disposition vicieuse, et confirme celles qui sont régulières.

Art. 499. Lorsque le recours a été exercé par le condamné ou la partie civile, et que ce recours n'a pas été admis, le recourant peut être, par le même arrêt, condamné, outre les frais, à une amende qui ne peut excéder deux cents francs.

SECTION III.

Dispositions particulières au recours contre le jugement d'un Tribunal correctionnel.

Art. 500. Les art. 487 à 494 inclusivement, sont applicables lorsqu'il s'agit du jugement d'un Tribunal correctionnel, sauf que le Procureur Général et le défenseur peuvent, au lieu de comparaître, envoyer un mémoire.

Art. 501. Lorsque le Tribunal de Cassation a admis le recours par l'un des motifs prévus aux lettres *a*, *b* et *c* de l'art. 465, où à l'art. 466, il annule en entier le jugement, et il renvoie la cause devant le Tribunal

correctionnel d'un des Districts voisins. Ce
Tribunal est désigné dans l'arrêt de cassation.

Le Procureur Général désigne celui de
ses Substituts qui doit fonctionner devant ce
Tribunal, à moins qu'il ne veuille fonctionner lui-même.

ART. 502. Le jugement est de même annulé et la cause renvoyée comme il est dit
à l'article précédent, si le procès – verbal
n'indique pas à quelle majorité a été décidée
la question de savoir si l'accusé était l'auteur du fait objet de l'accusation.

ART. 503. Dans tous les cas autres que
ceux mentionnés aux art. 501 et 502, le Tribunal, en cassant le jugement, réforme la
disposition vicieuse, et confirme celles qui
sont régulières.

ART. 504. Lorsque le recours a été exercé
par le condamné ou par la partie civile, et
que ce recours n'a pas été admis, le recourant peut être, par le même arrêt, condamné, outre les frais, à une amende qui
n'excède pas cent francs.

SECTION IV.

*Dispositions particulières au recours contre le ju-
gement d'un Tribunal de Police.*

ART. 505. Lorsqu'il y a recours contre le
jugement d'un Tribunal de police, le Procureur Général, le condamné ou son défenseur,

et la partie civile, ne paraissent pas devant
le Tribunal de Cassation, à moins d'une invitation ou d'une autorisation spéciale de ce
Tribunal. Dans ce cas seulement, la séance
est publique.

Le Procureur Général donne un préavis
écrit. Les parties peuvent envoyer un mémoire.

Art. 506. Lorsque le Tribunal de Cassation a admis le recours par l'un des motifs
prévus à l'art. 455, lettre *a*, il annule en entier
le jugement, et il renvoie la cause devant
le Tribunal de police d'un des Districts voisins. Ce Tribunal est désigné dans l'arrêt
de cassation.

Art. 507. Dans le cas prévu à l'art. 468,
lettre *b*, le jugement est aussi annulé, et
l'affaire est renvoyée devant le Juge d'instruction ou devant le Tribunal compétent.

Art. 508. Dans les cas prévus à l'art. 461,
le Tribunal, en cassant le jugement, réforme
la disposition vicieuse, et confirme celles qui
sont régulières.

Art. 509. Lorsque le recours a été exercé
par le condamné ou par la partie civile, et
que ce recours n'a pas été admis, le recourant peut, par le même arrêt, être condamné, outre les frais, à une amende de
douze à cinquante francs.

SECTION

SECTION V.

Dispositions particulières au recours contre le jugement d'une Municipalité.

ART. 510. Immédiatement après avoir fixé le jour du jugement, le Président du Tribunal de Cassation communique toutes les pièces au Procureur Général, qui donne son préavis dans le plus bref délai.

ART. 511. Le Tribunal juge à huis clos en l'absence du Procureur Général et du recourant.

ART. 512. Si le recours est admis, sur le motif que la Municipalité s'est attribuée à tort la connaissance d'une affaire que la loi n'a pas mise dans ses attributions, le Tribunal annule le jugement de la Municipalité, sans prononcer de renvoi.

ART. 513. Si le recours est admis, sur le motif que la peine prononcée excède les limites de la compétence municipale, le Tribunal de Cassation réduit la peine dans la compétence de la Municipalité, en prenant le maximum.

ART. 514. Lorsque le recours n'est pas admis, le recourant peut, par le même arrêt, être condamné, outre les frais, à une amende de huit à trente-deux francs.

SECTION VI.

De l'exécution des jugemens.

ART. 515. S'il n'y a point de recours en cassation, tout jugement rendu par un Tribunal criminel ou correctionnel, portant condamnation à une peine, est expédié au Préfet du District où la cause a été jugée. Cet envoi est fait par le Greffier, dans les vingt-quatre heures qui suivent le délai accordé pour le recours en cassation. L'expédition du jugement est signée par le Président et par le Greffier.

Le Greffier qui contrevient aux dispositions du présent article, peut être condamné, par le Tribunal qui a rendu le jugement, à une amende qui n'excède pas cent francs.

ART. 516. Le jugement rendu par un Tribunal de police, et portant condamnation à une peine, lorsqu'il n'y a point eu de recours en cassation, est envoyé, par l'officier du Ministère public, au Préfet du District où la cause a été jugée. Cet envoi est fait dans les vingt-quatre heures dès le moment où la réception en a eu lieu, conformément à l'art. 460.

ART. 517. Si le recours en cassation a eu lieu seulement par un des officiers du Ministère public, et que le Procureur Général y ait renoncé, ce magistrat transmet immédiatement le jugement au Préfet du District où la cause a été jugée.

Art. 518. Il est sursis à l'exécution de tout jugement, contre lequel il y a eu recours en cassation, jusqu'à ce que le Tribunal de Cassation ait rendu son arrêt.

Si, par cet arrêt, le jugement contre lequel il y a eu recours a été maintenu, ou modifié, ce jugement est expédié dans les vingt-quatre heures, avec l'arrêt du Tribunal de Cassation, au Préfet du District où la cause a été jugée. Cet envoi est fait par le Greffier du Tribunal de Cassation, qui transmet de plus une copie de cet arrêt au Greffier détenteur des pièces du procès.

Art. 519. Dans les cas prévus aux aricles précédens, le Préfet pourvoit à l'exécution, conformément aux lois et arrêtés, et aux directions du Département de Justice et Police.

Art. 520. En cas d'acquittement, le jugement est exécuté par la mise en liberté, à moins que l'accusé ne soit détenu pour autre cause.

Art. 521. En cas de condamnation, si la peine, par sa nature, doit être exécutée publiquement, l'exécution a lieu au chef-lieu du District où la cause a été jugée, à moins que le jugement n'ait été rendu dans un District autre que celui où le délit a été commis; dans ce cas, le jugement détermine le lieu de l'exécution.

Le Préfet assiste à l'exécution; il en dresse immédiatement un procès-verbal, qu'il transmet, avec l'arrêt, au Département de Justice et Police; il envoie, pour être annexée aux pièces du procès, une copie de ce procès-verbal, au Greffe du Tribunal qui a rendu le jugement.

Art. 522. L'exécution de tout jugement portant condamnation à une détention ou à une peine plus grave, est suspendue dans les cas suivans :

1°. Lorsque le condamné se trouve dans un état de démence attesté par trois médecins désignés par le Conseil de Santé;

2°. Lorsqu'il y a eu demande en révision, conformément à la loi ;

3°. Lorsqu'il y a eu recours en grâce, conformément à la loi.

Dans les cas mentionnés aux §§ 1 et 2, la suspension a lieu sur l'ordre du Tribunal de Cassation.

Dans le cas mentionné au § 3, elle a lieu sur l'ordre du Conseil d'Etat ou sur celui du Préfet, auquel la demande en grâce est adressée.

Art. 523. L'exécution d'un jugement portant condamnation à une détention ou à une peine plus grave, est suspendue, en outre, sur l'ordre du Tribunal d'Accusation, lorsqu'un témoin qui, aux débats, avait déposé contre le condamné, est poursuivi pour avoir,

en cette occasion, porté un faux témoignage, si ce témoin a été mis, pour ce fait,
en accusation, ou même si un mandat d'arrêt
a été décerné contre lui.

Si le témoin accusé de faux témoignage
est acquitté, la suspension cesse, et il est
suivi à l'exécution.

Si le témoin accusé de faux témoignage
est condamné, il est procédé comme il est
dit à l'art. 562.

La disposition du présent article ne s'applique point au cas prévu à l'art. 314, où
les Juges, avant de rendre leur jugement,
ont connu les indices de faux témoignage
existant contre le témoin.

ART. 524. Si la peine, dont l'exécution
est suspendue, est une détention, et que le
condamné soit en état d'arrestation, le temps
que dure le sursis est déduit de celui de
la peine.

ART. 525. L'exécution du jugement, en
ce qui concerne les indemnités civiles, a lieu
à la diligence de la partie qui les a obtenues, et suivant les formes prescrites par
la loi civile.

ART. 526. Les objets dont la restitution a
été ordonnée sont remis au propriétaire,
contre quittance, par le Greffier.

ART. 527. Les jugemens en contumace devenus définitifs, sont exécutés dans tout ce
qui peut l'être en l'absence du condamné,

quant à la peine, à la réparation du dommage, et aux frais.

ART. 528. Les jugemens en contumace rendus par les Tribunaux criminels et correctionnels, et devenus définitifs, sont insérés dans la Feuille des Avis officiels; ils sont de plus affichés au pilier public du chef-lieu du District où le jugement a été rendu, et à celui de la Commune où le condamné avait, en dernier lieu, son domicile.

ART. 529. Lorsque le jugement par contumace a adjugé des indemnités à la partie civile, elle n'en obtient l'exécution, soit sur les biens du condamné, soit sur ceux de la caution, qu'en fournissant des sûretés pour la restitution, le cas échéant.

LIVRE QUATRIÈME.

DES PROCÉDURES SOUMISES A DES RÈGLES PARTICULIÈRES.

TITRE Ier.

De la Procédure contre les prévenus absens.

CHAPITRE Ier.

De la Procédure dans les causes relevant des Tribunaux criminels.

ART. 530. Le prévenu qui s'est soustrait par la fuite à l'exécution du mandat d'amener, ou qui, après avoir été saisi, s'est évadé, est suspendu de l'exercice de ses droits civils. Il lui est nommé un curateur, et ses biens sont séquestrés. Ce séquestre a lieu sans préjudice aux droits des tiers. La Justice de Paix et le curateur se conforment aux art. 35 et 36 du Code Civil, chacun en ce qui le concerne.

ART. 531. Le séquestre ordonné en l'article précédent est opéré par le Juge de Paix du dernier domicile du prévenu, sur l'invitation qui lui en est faite, soit par le Juge d'instruction nanti de l'enquête, soit par le Directeur des débats.

Art. 532. Toutefois, lorsqu'il y aurait lieu au séquestre, la femme du prévenu, ses enfans ou descendans, peuvent obtenir de la Justice de Paix la régie des biens, en donnant des sûretés suffisantes pour la représentation des capitaux. Dans ce cas, ils remplacent le curateur mentionné en l'art. 530.

Art. 533. En cas de séquestre, les revenus sont délivrés à la femme, aux enfans ou descendans, soit à leur tuteur. S'il n'y a ni femme, ni enfans ou descendans, les revenus sont accumulés.

Art. 534. Lorsqu'il s'est écoulé cinq ans dès la fuite ou l'évasion, l'accusé, s'il ne s'est pas présenté, est considéré comme absent, et ses biens sont régis conformément à la loi civile.

Art. 535. Lorsque l'accusé est demeuré en liberté sous caution, et qu'ayant été cité, conformément aux art. 184 et 240, il ne se présente pas au jour fixé pour l'ouverture des débats, le Tribunal criminel prononce contre lui le jugement par contumace, comme il est dit à l'art. 544. Toutefois, ce jugement ne peut être prononcé qu'une heure après celle qui avait été fixée pour la comparution.

Le condamné en obtient immédiatement le relief, s'il se présente pendant que le Tribunal est encore assemblé.

S'il ne se présente pas, le jugement lui

est

est notifié, dans les huit jours suivans, à son domicile d'élection.

ART. 536. Le condamné a le terme d'un mois à partir de la notification, pour se pourvoir en relief..

La demande est adressée par écrit au Directeur des débats. Ce magistrat constate qu'elle a été faite dans le terme légal, et convoque le Tribunal criminel, qui procède aux débats et au jugement dans la forme ordinaire.

Si le Directeur des débats trouve que la demande est tardive, il refuse le relief. Le condamné peut recourir au Tribunal de Cassation.

ART. 537. Si le relief n'a pas été demandé dans le terme prescrit à l'article précédent, le jugement par contumace est définitif, et a tous les effets d'un jugement rendu en contradictoire.

ART. 538. L'accusé qui n'est pas en liberté sous caution, et qui n'a pu être saisi, est cité à l'instance du Ministère public, et sous l'autorité du Directeur des débats, à se constituer prisonnier dans le terme de trois mois.

L'exploit de citation indique le délit qui fonde l'accusation, et prévient l'accusé que s'il ne se présente pas dans le délai fixé, le jugement par contumace sera prononcé contre lui.

La citation est notifiée par affiche au

pilier public du District où la cause, doit être jugée, à celui de la Commune où l'accusé a eu son dernier domicile dans le Canton, si ce domicile est connu ; elle est de plus insérée trois fois, à 15 jours d'intervalle, dans la Feuille des Avis officiels du Canton.

ART. 539. Néanmoins, si l'accusé, après avoir été saisi, s'est évadé, ou s'il est constaté que, soit par des significations juridiques, soit de toute autre manière, il a eu connaissance des poursuites dirigées contre lui, le terme qui lui est donné pour se constituer prisonnier n'est que de quarante deux jours, et, dans ce cas, l'intervalle entre les insertions peut être réduit à une semaine.

ART. 540. Pendant le délai mentionné aux art. 538 et 539, toute personne est admise à communiquer, par mémoire, au Directeur des débats, les causes qui mettent l'accusé dans l'impossibilité d'obéir à la citation.

ART. 541. Si l'accusé se constitue prisonnier, le Directeur des débats convoque immédiatement le Tribunal criminel, qui procède aux débats et au jugement dans la forme ordinaire.

Quelle que soit l'issue du jugement, l'accusé est condamné aux frais occasionnés par son absence, à moins qu'il ne donne, pour en être libéré, des excuses reconnues suffisantes par le Tribunal.

ART. 542. Si l'accusé ne se constitue pas

prisonnier, le Directeur des débats, aussitôt
après l'expiration du délai, convoque les trois
Juges de la première catégorie (art. 21,
lettre *a*, de la loi organique), à un jour aussi
rapproché que possible et au chef-lieu du
District indiqué dans l'arrêt de renvoi. Il
appelle l'officier du Ministère public et fait
assigner la partie civile, s'il y en a une.

Le Tribunal, formé des trois Juges sus-
mentionnés, et sous la présidence du premier
en rang, prononce le jugement par contumace, en l'absence du Directeur des débats.

ART. 543. Toutefois, lorsqu'un mémoire a
été adressé au Directeur des débats, suivant
la disposition de l'art. 540, ce mémoire est
transmis aux Juges convoqués.

Les Juges peuvent, après avoir entendu
l'officier du Ministère public, accorder un
nouveau délai à l'accusé. Dans ce cas, l'accusé est cité de nouveau.

Le Directeur des débats décide, eu égard
aux circonstances, la manière dont la nouvelle citation doit être notifiée.

ART. 544. Le jugement par contumace est
rendu de la manière suivante :

Le Greffier fait lecture de l'arrêt d'accusation, ainsi que des citations notifiées à l'accusé. Il lit, de plus, l'acte d'accusation et les
procès-verbaux de l'enquête préliminaire qui
servent à constater l'existence et la nature du
délit.

Aucun témoin n'est entendu.

Après avoir vérifié la régularité des citations, le Tribunal, sur les conclusions du
Ministère public, prononce, contre l'accusé
absent, la peine statuée par la loi.

Le Tribunal, s'il y a lieu, prononce sur la
demande en indemnités, après avoir entendu
les explications de la partie civile et les observations du Ministère public. Il peut admettre
ou rejeter la demande. Il peut aussi modérer
les indemnités réclamées.

Art. 545. Si le Tribunal trouve que les
formes et les délais prescrits pour les citations
n'ont pas été observés, il prononce qu'il n'y a
pas lieu à rendre le jugement par contumace,
et il renvoie les pièces au Directeur des débats, qui pourvoit à de nouvelles citations.

Art. 546. Le jugement par contumace est
notifié au condamné dans les quinze jours, au
plus tard, qui suivent le jugement, et dans
la forme prescrite à l'art. 538 pour les citations; mais la notification a lieu sous l'autorité du Président du Tribunal.

Art. 547. Si, dans le terme de cinq ans
dès le jugement par contumace, le condamné
est saisi ou se présente volontairement, ce
jugement est annulé de plein droit, et le procès est instruit de nouveau dans la forme
ordinaire.

Ce terme est réduit à trois ans, si le condamné est dans le cas prévu à l'art. 539.

Art. 548. Si, par ce nouveau jugement,
l'accusé est acquitté, il rentre dans l'exer-

cice de ses droit civils et en possession de
ses biens, ainsi que des revenus accumulés
pendant son absence.

Art. 549. Si le nouveau jugement ordonne la restitution, en tout ou en partie,
des indemnités qui avaient été adjugées à
la partie civile dans le jugement par contumace, l'obligation de restituer ne porte
que sur le capital; les intérêts demeurent
acquis à la partie civile.

Art. 550. Si le condamné par contumace
est saisi ou se présente après les termes
mentionnés en l'art. 537, mais avant que
la peine soit éteinte par prescription, le
jugement par contumace est également annulé, et il est procédé à un nouveau jugement dans la forme ordinaire. Toutefois,
même en cas d'acquittement, les effets civils
du jugement par contumace sont maintenus.

Art. 551. Lorsque la peine est éteinte
par prescription, il n'y a plus lieu à un
nouveau jugement.

Art. 552. Lorsque, dans la même cause,
il se trouve des accusés absens et des accusés présens, le jugement contre ceux-ci n'est
pas suspendu par les citations à notifier aux
absens.

Le jugement par contumace a lieu dans
les formes et dans les délais prescrits, et
après que le jugement en contradictoire a
été rendu.

Après le jugement des accusés présens,

le Tribunal peut ordonner la remise, des effets déposés au Greffe comme pièces de conviction, lorsqu'ils sont réclamés par les propriétaires ou par les ayant-droit. Il peut aussi ne l'ordonner qu'à charge de représenter les effets, s'il y a lieu. Cette remise est précédée d'un procès-verbal de description, dressé par le Greffier, sous peine d'une amende de trente à cent francs.

ART. 353. Si tous les accusés sont absens, la remise mentionnée à l'article précédent peut avoir lieu dans les mêmes formes et sous les mêmes conditions, immédiatement après le jugement en contumace. Le Greffier est passible de la même peine, s'il ne dresse pas le procès-verbal.

ART. 554. Dans les cas où il est procédé contre un accusé absent, s'il y a urgence à constater un fait relatif à la cause, par audition de témoins ou par toute autre opération qui n'aurait pas encore eu lieu dans l'enquête préliminaire, il y est pourvu par le Directeur des débats, sur la réquisition de l'officier du Ministère public.

Si le Directeur des débats refuse de faire droit à cette réquisition, l'officier du Ministère public peut recourir au Tribunal d'Accusation, qui en décide.

Le Directeur des débats peut procéder lui-même à l'opération, ou y faire procéder, soit par un Juge d'instruction, soit par un Juge de Paix qu'il désigne. Il est dressé du tout un procès-verbal, qui est annexé aux pièces de l'enquête préliminaire.

Ensuite des nouvelles informations obtenues, le Procureur Général peut requérir, s'il y a lieu, un nouvel acte d'accusation.

CHAPITRE II.

De la Procédure dans les causes relevant des Tribunaux correctionnels.

Art. 555. Sauf les exceptions ci-après déterminées, art. 556 et 557, la procédure contre les prévenus absens ; telle qu'elle est prescrite par le Chapitre précédent, est applicable dans les causes relevant des Tribunaux correctionnels. Les fonctions attribuées par ces articles au Directeur des débats, sont remplies par le Président du Tribunal correctionnel.

Toutefois, le Tribunal juge, d'après les circonstances, s'il y a lieu d'ordonner le séquestre mentionné aux art. 517 à 521.

Art. 556. Lorsque le jugement par contumace a été prononcé contre un accusé qui avait été laissé en liberté sous caution, le condamné n'a qu'un terme de quinze jours pour demander le relief de ce jugement (art. 536).

Art. 557. Dans le cas prévu à l'art. 538, l'accusé est cité à se constituer prisonnier dans le terme de six semaines, et les trois

insertions dans la Feuille Officielle ont lieu
à une semaine d'intervalle.

Art. 558. Dans les cas prévus à l'art. 539,
le terme donné à l'accusé pour se constituer
prisonnier est réduit à 21 jours; l'insertion
dans la Feuille Officielle n'a lieu que deux
fois.

Art. 559. Le jugement par contumace est
rendu par le Tribunal correctionnel, composé comme pour le jugement en contradictoire.

Art. 560. Dans le cas mentionné en l'article 547, le terme de cinq ans fixé par le
premier dispositif de cet article est réduit à
deux ans, pour les jugemens par contumace
rendus par les Tribunaux correctionnels.

Le terme de trois ans, fixé par le second
dispositif du même article, est réduit à un an.

CHAPITRE III.

De la Procédure dans les causes relevant des Tribunaux de police.

Art. 561. Si le prévenu n'a pas de domicile connu dans le Canton, la citation est
affichée au pilier public du District, et insérée dans la Feuille des Avis officiels du
Canton. En ce cas, le jour de la comparution est éloigné de huit jours, au moins,
de celui de la citation.

Art. 562. Si le prévenu, quoique régulièrement

llèrement cité, ne se présente pas, la cause
est débattue et jugée comme si le prévenu
était présent.

Toutefois, le jugement ne peut être prononcé qu'une heure après celle qui avait été
fixée pour la comparution.

Art. 563. Dans les quinze jours qui suivent, le condamné peut demander le relief
du jugement. Il s'adresse à cet effet par
écrit au Président du Tribunal, qui ne peut
refuser le relief, si la demande en a été faite
en temps utile.

Dans ce cas, le Président fixe un nouveau
jour pour le jugement, et pourvoit à l'assignation du prévenu et des témoins, dans la
forme ordinaire.

Art. 564. Si le relief n'a pas été demandé
dans les quinze jours, le jugement est définitif. Il en est de même si le relief ayant été
demandé, le condamné ne s'est pas présenté
à la nouvelle citation. Dans ce dernier cas,
les frais occasionnés par la nouvelle citation
sont mis à la charge du condamné.

CHAPITRE IV.

Dispositions communes à tous les jugemens
par contumace.

Art. 565. Dans les délais prescrits pour
les citations, le jour de la notification et celui
de la comparution ne sont pas comptés.

Art. 566. Aucun conseil ne peut se présenter pour défendre l'accusé en contumace.

Art. 567. Le recours en cassation n'est ouvert contre les jugemens par contumace, qu'au Ministère public et à la partie civile en ce qui la concerne.

Art. 568. Le condamné par contumace qui, par un nouveau jugement, est acquitté, est néanmoins condamné aux frais occasionnés par sa contumace, s'il ne présente des motifs suffisans pour en être libéré.

TITRE II.

De la manière de procéder en cas d'inscription de faux.

Art. 569. L'inscription de faux consiste dans l'acte par lequel le prévenu dénonce comme faux les faits contenus dans le rapport ou dans le procès-verbal fondant la prévention, et déclare se porter plaignant au sujet de ce rapport ou de ce procès-verbal.

Celui qui s'inscrit en faux doit faire sa déclaration, ainsi qu'il est dit ci-dessus, au Président du Tribunal devant lequel la cause s'instruit. Cette déclaration est écrite. Elle est signée, à l'audience, par celui qui en est l'auteur, et paraphée ensuite par le Président. Si l'auteur de la déclaration ne peut la signer, mention des causes d'empêchement est faite au pied de l'acte.

Art. 570. Avant de recevoir la déclaration portant inscription de faux, le Président fait connaître au prévenu les conséquences de sa démarche, et l'invite à y réfléchir.

Art. 571. Si le prévenu persiste à s'inscrire en faux, le Président l'interroge sur les moyens par lesquels il entend prouver la fausseté des faits avancés dans le rapport ou dans le procès-verbal.

Le Tribunal examine s'il résulte de ces explications la présomption qu'un délit a été commis dans l'acte incriminé.

L'officier du Ministère public, s'il est présent à l'audience, donne préalablement ses conclusions.

Art. 572. Si le Tribunal trouve qu'il n'y a pas présomption de délit, il est suivi aux débats et au jugement, conformément à la loi.

Il n'est pas dérogé par là au droit qu'a l'accusé de porter sa plainte au Juge compétent, s'il estime qu'un délit a été commis à son préjudice.

Art. 573. Si, au contraire, le Tribunal trouve qu'il y a présomption de délit, il ordonne le renvoi de la cause, et transmet au Juge d'instruction le rapport soit procès-verbal incriminé, ainsi que la déclaration portant inscription de faux. Cette déclaration tient lieu de plainte.

Le Juge d'instruction procède conformément aux dispositions qui concernent son office.

ART. 574. Lorsqu'il est décidé qu'il n'y a pas lieu à poursuivre, la cause dans laquelle l'inscription de faux a été faite est immédiatement reprise.

Elle n'est reprise qu'après le jugement définitif, s'il y a une mise en accusation prononcée. En attendant, la prescription est interrompue.

ART. 575. Lorsqu'il est décidé qu'il n'y a pas lieu à exercer de poursuites au sujet du rapport, soit procès-verbal incriminé, ou lorsque ce rapport, soit procès-verbal, n'est pas déclaré faux par le jugement définitif, dans ces deux cas, celui qui s'est inscrit en faux est condamné, sans préjudice aux dispositions du Code Pénal, à une amende dans la compétence du Tribunal devant lequel l'inscription a eu lieu; cette amende est prononcée par le jugement sur le fond; elle ne peut, dans aucun cas, excéder la somme de huit cents francs.

TITRE III.

De la révision des Jugemens.

ART. 576. La révision d'un jugement criminel ou correctionnel portant condamnation à une peine, peut être demandée dans les cas suivans, soit que le Tribunal de Cassation ait été appelé à prononcer, soit qu'il n'y ait pas eu de recours :

1°. Lorsqu'un témoin qui, aux débats,
avait déposé contre le condamné,
a dès-lors été condamné lui-même
pour avoir, en cette circonstance,
porté un faux témoignage. Toutefois, cette disposition ne s'applique
pas au cas prévu à l'art. 324, où les
Juges, avant de rendre leur jugement, ont connu les indices de faux
témoignage existant contre le témoin;

2°. Lorsque, depuis la condamnation, on
a découvert des indices propres à
établir l'innocence du condamné.

ART. 577. Les jugemens rendus par contumace ne peuvent être soumis à révision.

ART. 578. Le droit de demander la révision appartient tant au condamné qu'au
Ministère public. Si le condamné est décédé,
la demande peut de plus être présentée, soit
par ses enfans ou par tout autre parent,
soit par ses héritiers.

ART. 579. La demande en révision est
adressée par écrit au Tribunal de Cassation;
elle est signée et accompagnée des pièces à
l'appui.

ART. 580. La demande est communiquée
au Procureur Général, qui donne son préavis
par écrit.

ART. 581. Le Tribunal de Cassation prononce dans les dix jours dès la réception
des pièces.

Toutefois, avant que d'admettre ou de rejeter la demande, il peut déléguer un Juge d'instruction, pour éclaircir les fait allégués à l'appui de la demande.

Si le Tribunal de Cassation trouve la demande en révision fondée sur la loi, il annule le jugement de condamnation, et renvoie la canse devant un nonveau Tribunal, conformément aux dispositions des art. 582, 583 et 584.

S'il ne trouve pas la demande en révision fondée, l'instant est condamné aux frais.

Art. 582. Si le jugement annulé a été rendu par un Tribunal criminel, la cause est renvoyée devant le Tribunal criminel qui n'a pas jugé. Le lieu où siège ce Tribunal est déterminé comme il est dit à l'art 495.

Art. 583. Si, par suite d'un arrêt de cassation rendu pour un vice de forme, les deux Tribunaux criminels ont déjà prononcé sur la cause, celle-ci est renvoyée devant un Tribunal criminel neutre, formé dans l'arrondissement où la cause a été jugée en premier lieu.

Pour former ce Tribunal neutre, le Directeur des débats convoque, au chef-lieu du District où le premier jugement a été rendu, ceux des Juges ou des suppléans de chaque catégorie qui n'ont pas participé à ce jugement. Ces Juges réunis procèdent ensuite,

en l'absence du Directeur des débats, à la
nomination des suppléans nécessaires dans
chaque catégorie, jusqu'à ce que le Tribunal soit au complet. Ils se conforment, à
cet effet, à la disposition du dernier alinéa
de l'art. 37 de la loi organique.

Art. 584. Si le jugement annulé a été
rendu par un Tribunal correctionnel, la
cause est renvoyée devant un Tribunal correctionnel de l'un des Districts les plus voisins, auquel elle n'a pas encore été soumise.
Ce Tribunal est désigné dans l'arrêt.

Art. 585. Il n'est pas fait un nouvel acte
d'accusation; mais les pièces, sur lesquelles
le Tribunal de Cassation a ordonné la nouvelle instruction, sont jointes à l'enquête
préliminaire.

Art. 586. Si le condamné est décédé, les
débats se font contradictoirement avec les
ayant-droit qui ont présenté la demande.

Art. 587. Si, par le nouveau jugement,
la condamnation est maintenue, le condamné
ou les ayant-droit, instans à la révision,
sont condamnés aux frais, et il est suivi à
l'exécution, s'il y a lieu.

Art. 588. Si, par le nouveau jugement,
le condamné est reconnu non coupable, il
est réintégré dans tous ses droits, et le Tribunal peut lui adjuger des indemnités.

S'il est décédé, le nouveau jugement décharge sa mémoire de l'accusation portée

contre lui, et ses ayant-droit peuvent obtenir des indemnités.

ART. 589. Le jugement prononçant l'acquittement est publié dans la Feuille des Avis officiels, et affiché dans tous les chefs-lieux de District du Canton.

ART. 590. Si, lorsque la demande en révision a été admise, le Tribunal a maintenu le jugement de condamnation, il ne peut y avoir de nouvelle demande en révision.

TITRE IV.

Des formes à suivre en cas de demande en grâce.

ART. 591. Lorsque la loi autorise le recours en grâce, le condamné adresse sa demande au Conseil d'Etat, par l'intermédiaire du Préfet chargé de pourvoir à l'exécution du jugement. Cette demande doit être remise au Préfet dans le délai fixé par la loi, à défaut de quoi il est suivi à l'exécution.

Le Préfet transmet immédiatement la demande au Conseil d'Etat, et suspend l'exécution en attendant la décision.

ART. 592. Si le Conseil d'Etat trouve que la demande a été faite dans le délai prescrit par la loi, il décide, dans les vingt jours dès celui où la demande lui est parvenue, s'il veut prendre cette demande en considération.

Pour

Pour s'éclairer dans sa décision, le Conseil d'Etat se fait remettre toutes les pièces du procès, et demande l'avis écrit du Directeur des débats et de l'officier du Ministère public, qui ont assisté aux débats.

ART. 593. Pour rendre cette décision, les membres du Conseil d'Etat sont convoqués au moins 48 heures à l'avance. Ils doivent tous être présens, à moins de nécessité reconnue par le Conseil.

ART. 594. Le Conseil d'Etat décide, à la majorité absolue, sur la question de savoir s'il y a lieu de prendre en considération la demande en grâce. Les suffrages sont recueillis au balottage. S'il ne se forme pas de majorité la demande en grâce est écartée.

ART. 595. Si la demande est prise en considération, le Conseil d'Etat décide s'il veut proposer la grâce entière ou seulement une commutation de peine.

ART. 596. Si la demande en grâce n'est pas prise en considération, le Conseil d'Etat transmet sans délai sa décision au Préfet chargé de pourvoir à l'exécution, et il y est suivi dans les formes légales.

ART. 597. Si la demande en grâce est prise en considération, le Conseil d'Etat peut, suivant les circonstances, ou convoquer le Grand-Conseil *ad hoc*, ou renvoyer la présentation du décret à la première session ordinaire ou extraordinaire.

(154)

Art. 598. Le Conseil d'Etat soumet au Grand-Conseil le projet de décrèt, avec toutes les pièces du procès, et les avis écrits qui lui sont parvenus.

Art. 599. Dans tous les cas, chaque membre du Grand-Conseil doit être prévenu par lettre du jour où il sera délibéré sur le projet de grâce présenté.

Art. 600. Le Grand-Conseil, après avoir entendu le préavis de sa commission, vote sur le projet de décrèt, au scrutin secret et sans discussion. Il ne peut être apporté aucun amendement au projet de décrèt.

Art. 601. La décision du Grand-Conseil est transmise au Conseil d'Etat, qui pourvoit à l'exécution dans le plus bref délai.

Art. 602. La grâce accordée ne porte aucun préjudice aux droits de la partie civile; la condamnation aux dépens est également maintenue.

Art. 603. Les dispositions de la loi du 3 Juin 1826, *sur l'exercice du droit de grâce*, qui ne sont pas contraires à celles du présent Titre, sont maintenues. L'art. 16 de la dite loi est rapporté.

TITRE V.

Des formes à suivre en cas de réhabilitation.

ART. 604. Le condamné qui veut obtenir sa réhabilitation s'adresse, par mémoire, au Tribunal correctionnel du District dans lequel il réside, et où il doit être domicilié depuis deux ans au moins.

ART. 605. Le Tribunal vérifie la condition du domicile, et examine si la demande est admissible, d'après les dispositions du Code Pénal. Le Substitut du Procureur Général est préalablement consulté sur cette question préliminaire. Il donne son préavis par écrit.

Si la demande est reconnue admissible, le Tribunal prend des renseignemens sur la conduite du pétitionnaire auprès des Juges d'instruction, des Préfets, des Tribunaux de District, des Justices de Paix, et des Municipalités des lieux où le pétitionnaire a résidé depuis l'accomplissement de sa peine, ainsi qu'auprès de la Municipalité du lieu de sa bourgeoisie.

ART. 606. Si, avant les deux années qui ont précédé sa demande, le condamné a résidé hors du Canton, il est tenu de fournir des témoignages authentiques de bonne conduite, délivrés par les autorités des lieux où il a résidé.

ART. 607. Le Tribunal examine les renseignemens reçus, et les fait compléter, s'il y a lieu. Puis, il transmet la demande en réhabilitation et toutes les pièces qui y sont relatives, au Tribunal de Cassation, en y joignant son préavis.

ART. 608. La demande et les pièces sont communiquées au Procureur Général, qui donne son préavis motivé et par écrit.

ART. 609. Le Tribunal de Cassation prononce sur la réhabilitation. Il peut, toutefois, auparavant, ordonner de nouvelles informations.

Si la réhabilitation est accordée, l'arrêt en est expédié, par copie, au Greffe du District, où la minute du jugement de condamnation est déposée. Mention en est faite en marge de cette minute, et il est transcrit sur le registre criminel ou correctionnel.

Le réhabilité obtient une copie de l'arrêt. Il peut le faire insérer dans la Feuille des Avis officiels, et le faire afficher dans tous les chefs-lieux de District du Canton, sous l'autorité du Président du Tribunal.

ART. 610. Si la réhabilitation est refusée, elle ne peut être demandée de nouveau qu'après l'expiration d'un délai égal à celui qui est fixé pour la première demande.

ART. 611. L'instant à la réhabilitation paye tous les frais résultant de sa demande. Le Tribunal peut l'en dispenser pour cause de pauvreté constatée.

TITRE VI.

Des questions de priorité entre l'action pénale et l'action civile. Des conflits et du règlement de Juge.

CHAPITRE Ier.

De la manière de procéder sur les questions de priorité à donner aux actions pénales ou aux actions civiles.

ART. 612. Lorsque, dans un procès civil, une des parties allégue l'existence d'un délit de nature à exercer une influence sur le jugement au fond, elle dépose un acte écrit et signé en forme de plainte, en demandant la suspension du procès civil et l'envoi de la plainte au Juge d'instruction.

ART. 613. Avant de recevoir la déclaration ci-dessus, le Président fait connaître à son auteur les conséquences de sa démarche, et l'engage à y réfléchir.

ART. 614. Si l'auteur de la plainte persiste, le Président l'interroge sur les moyens par lesquels il entend soutenir sa plainte.

Le Tribunal examine ensuite s'il y a des présomptions suffisantes de délit, et l'influence que ce délit constaté pourrait exercer sur le procès au fond.

ART. 615. Avant de rendre sa décision, le Tribunal peut consulter le Substitut du Procureur Général de l'arrondissement. Dans ce cas, le Président envoie toutes les pièces à ce fonctionnaire, en l'avisant du jour où le Tribunal rendra sa décision.

Art. 616. Le Substitut du Procureur Général peut, ou transmettre son préavis par écrit, ou se présenter en personne devant le Tribunal, au jour fixé.

Art. 617. Si le Tribunal trouve qu'il n'y a pas présomption de délit, ou que ce délit serait sans influence sur le jugement du procès civil, la demande de renvoi au Juge d'instruction n'est pas admise, et il est passé outre aux opérations du procès civil, sauf l'appel, s'il y a lieu.

Il n'est pas dérogé par là au droit du plaignant de porter sa plainte au juge compétent.

Art. 618. Si au contraire le Tribunal trouve qu'il y a présomption d'un délit de nature à exercer une influence sur le jugement au fond, il ordonne la suspension du procès civil et l'envoi de la plainte et de toutes les pièces du procès au Juge d'instruction, qui procède à une enquête.

Dans ce cas, le plaignant est réputé de plein droit partie civile.

Art. 619. Dans les trois jours dès le jugement définitif sur l'enquête, ce jugement est transmis par copie au Président du Tribunal civil, qui réassigne les parties.

Art. 620. Dans le cas où la plainte ayant

été portée directement au Juge d'instruction, le Tribunal d'Accusation y donnerait suite, ce Tribunal peut, sur la réquisition du Ministère public ou de la partie civile, ordonner la suspension du procès civil. Dans ce cas, cette décision est transmise au Président du Tribunal civil, qui pourvoit d'office à son exécution.

ART. 621. Par les articles ci-dessus, il n'est point dérogé aux règles particulières sur l'inscription de faux.

ART. 622. Lorsque, dans un procès en matière pénale, il s'élève une question civile de nature à exercer une influence sur le jugement au fond, il est procédé comme il est dit ci-après.

ART. 623. Si la question nait avant l'arrêt de mise en accusation, le Juge d'instruction, soit d'office, soit à la réquisition du Ministère public, de la partie civile ou du prévenu, transmet toutes les pièces au Tribunal d'Accusation.

ART. 624. Le Tribunal d'Accusation, sur le préavis du Procureur Général, décide s'il y a lieu de renvoyer l'affaire devant les Tribunaux civils.

En cas d'affirmative, l'instruction de la procédure pénale est suspendue.

En cas de négative, toutes les pièces sont renvoyées au Juge d'instruction, pour continuer l'enquête.

ART. 625. Le jugement définitif étant prononcé, est transmis par copie, dans les trois jours, au Juge d'instruction, qui complète son enquête.

ART. 626. Si la question civile s'élève lors des débats devant un Tribunal criminel, correctionnel ou de police, le Tribunal peut, soit d'office, soit sur la réquisition du Ministère public, de la partie civile ou du prévenu, ordonner qu'il sera passé outre aux débats, ou bien que l'affaire sera renvoyée au Tribunal civil, et que la procédure pénale sera suspendue.

ART. 627. Lorsque le jugement définitif au civil est prononcé, ce jugement et toutes les pièces sont, à l'instance du Procureur Général, renvoyées au Juge d'instruction, qui complète l'enquête préliminaire, s'il y a lieu, et qui la transmet au Tribunal d'Accusation, afin que ce Tribunal révoque, modifie ou maintienne sa première décision sur la mise en accusation.

ART. 628. Dans tous les cas où une affaire est renvoyée devant le Tribunal civil, comme il est dit aux articles 624 et 626, le Ministère public peut adresser à ce Tribunal toute réquisition qu'il estime nécessaire, prendre connaissance de tous les actes de la procédure et même y intervenir directement.

CHAPITRE II.

*De la manière de procéder en cas de poursui-
tes dirigées contre les membres du Conseil
d'Etat.*

ART. 629. Si le Juge d'instruction instruit
contre un membre du Conseil d'Etat, au sujet
d'un délit dont celui-ci serait prévenu comme simple particulier, l'instruction suit la
marche ordinaire.

ART. 630. S'il s'agit d'un délit que le membre du Conseil d'Etat serait prévenu d'avoir
commis dans son office, l'instruction a lieu
conformément à la loi du 19 Juin 1832.

ART. 631. Si le Conseiller d'Etat prétend
avoir agi dans son office, et que le Juge d'instruction estime le contraire, la cause reste
provisoirement suspendue, sauf les opérations d'urgence.

ART. 632. Dans les trois jours à dater de
sa déclaration au Juge d'instruction, le Conseiller d'Etat recourt au Tribunal d'Accusation, par mémoire accompagné de pièces.

ART. 633. Le Tribunal d'Accusation, sur
lecture des pièces, ou sur information prise,
rend sa décision.

Il peut demander le préavis du Procureur
Général.

ART. 634. Si le Tribunal prononce que le
Conseiller d'Etat a agi dans son office, la

cause est instruite conformément à la loi du
19 Juin 1832.

Art. 635. Si, au contraire, le Tribunal
d'Accusation estime que le Conseiller d'Etat
a agi comme homme privé, il communique
sa décision au Conseil d'Etat.

Art. 636. Si le Conseil d'Etat adhère à la
décision du Tribunal d'Accusation, l'instruction reprend son cours ordinaire.

Dans le cas contraire, le conflit doit être
élevé dans les dix jours, et il en est jugé par
le Tribunal neutre, suivant le mode établi
par la loi du 26 Janvier 1832.

Art. 637. Si le Tribunal neutre partage
l'opinion du Tribunal d'Accusation, la cause
reprend son cours ordinaire. Si non, il est
procédé comme il est dit dans la loi du 19
Juin 1832.

CHAPITRE III.

Du règlement de Juges relativement aux Tribunaux militaires.

Art. 638. Tout conflit en matière pénale
élevé entre les Autorités judiciaires civiles
et les Autorités militaires, est jugé par le
Tribunal d'Accusation, sur la demande des
Autorités civiles ou des Autorités militaires,
du Ministère public, du prévenu ou de ses
parens.

Art. 639. Le conflit élevé suspend l'instruction, sauf les opérations d'urgence.

Art. 640. Le Procureur Général est entendu.

Art. 641. Les cas dans lesquels les Tribunaux militaires doivent être nantis, sont spécifiés par les lois militaires.

LIVRE QUATRIÈME.

DISPOSITIONS FINALES et TRANSITOIRES.

Art. 642. Sont et demeurent abrogés par le présent Code :

1°. Les articles 5, 37, 38, 57, 58, 59, 60, 61, 62, 63, 64 et 67 du *Code pénal*, du 4 Mai 1799 ;

2°. Les articles 66 à 113 inclusivement, soit le Chapitre VI, et les n°. 2°. et 4°. de l'article 127 de la loi du 6 Juin 1803, *sur l'établissement des Juges et Justices de Paix ;*

3°. Les articles 1, 2, 3, 7, et, en ce qui concerne la procédure pénale seulement, l'article 6 de la loi du 6 Juin 1803, *sur le droit d'arrestation ;*

4°. La lettre *c* de l'article 12, les articles 13, 16, 17, la première partie de l'article 18, les articles 19 et 20 de la loi du 7 Juin 1803, *sur l'établissement des Tribunaux de District ;*

(164)

5°. Les articles 17, 18, 19, 20 et la première partie de l'article 28 de la loi du
13 Juin 1803 , *sur l'organisation du Tribunal d'Appel ;*

6°. La loi du 17 Mai 1805 , *déterminant
les cas où les sentences des Tribunaux de
District, en matière criminelle ou correctionnelle , devront être nécessairement
soumises au Tribunal d'Appel ou pourront y être portées par appel.*

7°. Les articles 78 à 102 inclusivement,
soit le Titre IV, et l'article 111 du *Code
correctionnel* du 30 Mai 1805;

8°. La loi du 9 Juin 1812 , *sur la compétence des Tribunaux en matière pénale ;*

9°. Les articles 3 , 4 , 12 , 16 , et, en ce qui
concerne la procédure pénale ordinaire
seulement, les articles 6 , 7 , 8 , 9 , 10 ,
11 et 13 de la loi du 3 Juin 1826, *sur
l'exercice du droit de grâce ;*

10°. L'article 8 de la loi du 1er. Juin 1829,
sur le vol ; l'article 4 de cette loi étant
modifié dans ce sens, que la *Justice de
Paix* est remplacée par le *Tribunal de
Police ;*

11°. La loi du 6 Juin 1829, *sur quelques
points de procédure criminelle à régler ;*

12°. La loi du 14 Mai 1830, renfermant
des *modifications à celle du 6 Juin 1829,
sur la procédure criminelle ;*

13°. L'article 35 de la loi du 4 Janvier
1832, *sur l'organisation du Tribunal
d'Appel;*

14°. L'article 44 de la loi du 4 Janvier
1832, *sur l'organisation des Tribunaux
de District*, en tant que cet article concerne la procédure pénale ordinaire;

15°. Les articles 67, 68, 70 et 71 de la loi
du 4 Janvier 1832, *sur l'organisation
des Juges et Justices de Paix;*

16°. L'article 28 de la loi du 9 Janvier
1832, *sur les Préfets*, lequel est remplacé par les articles 43 et 44 du présent
Code;

17°. L'article 43 de la loi du 26 Janvier
1832, *sur les fonctions et la compétence
des Autorités communales*; les articles
54, 55 et 56 de la dite loi, étant remplacés par les articles 47, 48, 49 et 50
du présent Code;

18°. Les dispositions de la loi du 18 Décembre 1832, *sur l'organisation judiciaire en matière pénale*, qui ont été reproduites ou modifiées dans le présent
Code.

Sont de plus abrogés, toutes les dispositions et tous les usages contraires au présent
Code de procédure pénale, sauf les exceptions
mentionnées à l'article suivant:

ART. 643. Sont exceptées des dispositions
du présent Code et restent soumises à la procédure spéciale établie dans les lois qui les

concernent, aussi long-temps qu'il n'y aura
pas été dérogé :

1°. Les causes qui relèvent des Tribunaux
militaires;

2°. Les contraventions du ressort des Municipalités, pour les points qui ne sont
pas mentionnés dans ce Code;

3°. Les contraventions poursuivies d'après
les règles de la procédure civile ordinaire, ou dans les formes prescrites pour
les matières qui relèvent du contentieux
de l'administration;

4°. La discipline intérieure de l'administration publique et de ses divers établis-
semens;

5°. Les répressions par voie administra-
tive;

6°. L'application des peines de discipline
encourues par les fonctionnaires publics,
les avocats, les notaires et les procu-
reurs jurés, dans l'exercice de leurs fonctions ou de leur profession;

7°. Les actions dirigées, en vertu de la loi
sur la responsabilité du Conseil d'Etat,
contre les membres de ce corps.

ART. 644. Les autres lois, statuant des peines, sont modifiées dans tout ce qu'elles renferment de contraire à la présente, et les affaires qu'elles traitent sont soumises à la compétence et à la procédure établies dans ce
Code, soit que ces lois prescrivent une procé-

dure spéciale, soit qu'elles gardent le silence
à cet égard.

Toutefois, la faculté d'éviter la poursuite
devant les Tribunaux, en payant l'amende déclarée au délinquant ou au contrevenant par
l'agent de l'administration, est maintenue
pour les causes où des lois spéciales l'autorisent.

Art. 645. Le présent Code sera exécutoire
dès et compris le 1er. Janvier 1837.

Les procédures pénales alors commencées,
et dans lesquelles la mise en accusation aura
été prononcée, seront terminées, en suivant
les formes observées aujourd'hui, par les Tribunaux et par les fonctionnaires actuellement
établis. Toutefois, les fonctions de l'Accusa-
teur public en chef seront exercées par le
Procureur Général.

Il en sera de même des procédures pénales
dont les Tribunaux actuels seront nantis à
cette époque sans mise en accusation.

Les procédures pénales commencées à la
même époque, et dans lesquelles la mise en
accusation n'aura pas été prononcée, ou dont
les Tribunaux actuels n'auront pas encore été
nantis, lorsqu'elles n'exigent point de mise en
accusation, seront terminées, en suivant les
formes prescrites dans le présent Code, par
les Tribunaux et par les fonctionnaires qui
seront nouvellement établis.

Art. 646. Le Conseil d'Etat est chargé, etc.

Donné, etc.

ADJONCTIONS.

A. AU PROJET DE LOI

SUR L'ORGANISATION DES TRIBUNAUX CHAR-
GÉS DE L'ADMINISTRATION DE LA JUSTICE
PÉNALE.

ART. 51. La loi du 20 Janvier 1808, *sur
la marche à suivre lorsqu'un Tribunal entier
est récusable;* les dispositions de la loi du 18
Décembre 1832, *sur l'organisation judiciaire
en matière pénale,* reproduites ou modifiées
dans la présente loi, ainsi que toutes les dispositions contraires à celles-ci, sont rapportées.

ART. 52. La présente loi sera mise en vigueur de manière que les Tribunaux qu'elle
établit entrent en fonctions le 1er. Janvier
1837.

ART. 53. Le Conseil d'Etat est chargé, etc.

Donné, etc.

B. AU PROJET DE LOI ORGANIQUE

SUR LE DIRECTEUR DES DÉBATS, SON SUBSTITUT, ET SUR LES JUGES D'INSTRUCTION.

ART. 29. Les dispositions de la loi du 18 Décembre 1832, *sur l'organisation judiciaire en matière pénale*, reproduites ou modifiées dans la présente loi, ainsi que toutes les autres dispositions qui y sont contraires, sont rapportées.

ART. 30. La présente loi organique sera mise en vigueur de manière que les fonctionnaires qu'elle institue entrent en fonctions le 1ᵉʳ. Janvier 1837.

ART. 31. Le Conseil d'Etat est chargé, etc.

Donné, etc.

C. AU PROJET DE LOI ORGANIQUE

SUR LE MINISTÈRE PUBLIC.

CHAPITRE III.

Dispositions finales.

ART. 27. Sont et demeurent abrogés :

1°. L'article 24 de la loi du 7 Juin 1803, *sur l'établissement des Tribunaux de District ;*

2°. Les articles 11, 12, 13, 14, 15, 24, 30, 35 et la fin de l'article 32 de la loi du 13 Juin 1803, *sur l'organisation du Tribunal d'Appel ;*

3°. Les articles 37, 38 et 39 de la loi du 4 Janvier 1832, *sur l'organisation du Tribunal d'Appel ;*

4°. Les articles 48, 49, 50 et 51 de la loi du 4 Janvier 1832, *sur l'organisation des Tribunaux de District ;*

5°. L'article 83 de la loi du 4 Janvier 1832, *sur l'organisation des Juges et Justices de Paix.*

6°. Les dispositions de la loi du 18 Décembre 1832, *sur l'organisation judiciaire en matière pénale*, reproduites ou modifiées dans la présente loi, ainsi que toutes les autres dispositions qui y sont contraires.

Sont de plus rapportées, toutes les dispositions contraires à la présente loi organique.

Art. 28. La présente loi organique sera
mise en vigueur de manière que le Procureur
Général et ses Substituts entrent en fonctions
le 1er. Janvier 1837.

Art. 29. Le Conseil d'Etat est chargé, etc.

Donné, etc.

ERRATA

ET CORRECTIONS ADOPTÉES POSTÉRIEUREMENT A L'IMPRESSION

DES

PROJETS DE LOIS ET DE CODE.

PROJET DE LOI ORGANIQUE
SUR LES TRIBUNAUX.

ART. 11, à la 3e. ligne, supprimez les mots: *à tour de rôle.*

ART. 25, à la 3e. ligne de la page 7, supprimez le mot: *criminel*, qui se trouve après *Tribunal.* La même correction doit être opérée aux articles 28, 29 et 31, second alinéa.

ART. 26, à la 2e. ligne, au lieu des mots: *du tirage au sort mentionné*, lisez: *des opérations mentionnées.*

ART. 28, à la 1re. ligne du second alinéa, après le mot: *Juge*, ajoutez: *ou d'un suppléant.*

ART. 29, à l'avant-dern. ligne, au lieu de: *rappelé. Il peut*, lisez: *rappelé, il peut.*

ART. 31, à la 1re. ligne, après les mots: *les Juges*, supprimez les suivans: *aux Tribunaux criminels.* La même correction doit être faite deux fois à l'article 38.

ART. 35, à la 5e. et 6e. ligne, au lieu des mots: *ne peuvent être simultanément membres du*, lisez: *ne peuvent siéger simultanément au même.*

ART. 36, à la 2e. ligne du second alinéa, au lieu de: *et*, lisez: *ou.*

»   à la 3e. ligne du second et du quatrième alinéa, supprimez les mots: *au Tribunal criminel*, après le mot *Juges.*

ART. 47, à la 2e. ligne du dernier alinéa, après le mot: *Tribunal*, ajoutez: *de police.*

PROJET DE LOI ORGANIQUE
SUR LE DIRECTEUR DES DÉBATS ET LES JUGES D'INSTRUCTION.

ART. 2 , lisez: *Le Directeur des débats a un Substitut qui le remplace chaque fois qu'il ne peut pas agir lui-même.*

ART. 5, à la 3ᵉ. ligne, supprimez le mot: *révolus.*

ART. 19, à la 3ᵉ. et 4ᵉ. ligne , même correction.

ART. 16, à la 2ᵉ. ligne, après le mot: *tableau*, ajoutez: *circonstancié.*

» à la 3ᵉ. ligne, après les mots: *par eux*, ajoutez: *ou sur leur ordre.*

ART. 22, à la 2ᵉ. ligne, à la fin, ajoutez : *qui leur désigne un suppléant.*

ART. 27, à la 1ʳᵉ. ligne du dernier alinéa, au lieu de : *Entre les Substituts*, lisez: *Entre le Substitut.*

PROJET DE LOI ORGANIQUE
SUR LE MINISTÈRE PUBLIC.

ART. 10, à la 4ᵉ. ligne du second alinéa, au lieu de: *ses observations*, lisez: *les observations qu'il peut avoir à faire.*

ART. 12, à la 3ᵉ. ligne , après: *tableau,* ajoutez: *circonstancié.*

» à la 4ᵉ. ligne, après les mots: *par eux*, ajoutez: *ou sur leur ordre.*

ART. 19, *NB.* L'indication du nombre de Cercles et du nombre d'habitans que les arrondissemens renferment ne devra pas paraître dans la loi.

PROJET DE CODE DE PROCÉDURE PÉNALE.

Page 1 , après: *Titre préliminaire,* supprimez l'intitulé : *Dispositions générales.*
Après : *Chapitre Iᵉʳ.*, au lieu de : *Dispositions préliminaires*, lisez: *Dispositions générales.*

(3)

Art. 9, à la 2e. ligne, au lieu de : *la cessation*, lisez : *l'abandon*.

Art. 24, à la dernière ligne, au lieu des mots : *accorde ce droit*, lisez : *confère des attributions de police judiciaire*.

Art. 26, à la 8e. ligne, après les mots : *de cette enquête*, ajoutez : *ou d'en prendre connaissance par eux-mêmes*.

Art. 31, à la fin, ajoutez : *Dans ce cas, le Juge délégué exerce, pour l'enquête qui lui est confiée, toutes les attributions du Juge de l'arrondissement*.

Art. 32, 1er. alinéa, lisez : *Le Juge d'instruction peut, lorsqu'il ne croit pas sa présence nécessaire, déléguer l'enquête au Juge de Paix dans le ressort duquel le délit a été commis*.

Art. 43, à la 2e. ligne de la page 12, au lieu des mots : *le Juge d'instruction*, lisez : *ces deux fonctionnaires*.

Art. 44, à la 1re. ligne, après les mots : *si le Juge d'instruction*, ajoutez : *ou le Juge de Paix*.

»   à la 3e. et 4e. ligne, lisez : *leur*, au lieu de : *lui*.

»   2e. alinéa, lisez comme suit : *Si ces fonctionnaires n'arrivent pas, le Préfet fait parvenir son procès-verbal au Juge d'instruction, dans les 24 heures au plus tard*.

Art. 52, à la fin de la 6e. ligne, au lieu de : *couché*, lisez : *écrit*.

Art. 59, supprimez les deux premiers *soit*, et au lieu du troisième, mettez : *ou*.

»   à la fin de l'article, supprimez les mots : *à l'occasion d'un délit commis*.

Art. 62, à la 5e. ligne, après le mot : *immédiatement*, ajoutez : *au Juge d'instruction*.

Art. 69, à la 2e 3e. ligne de la page 20, au lieu de : *droit de recours*, lisez : *droit d'action*.

Art. 85, à la fin, supprimez les mots : *comme il est dit à l'article précédent*.

Art. 88, à la 3e. ligne, supprimez le mot : *d'instruction*, après celui de *Juge*. Le même retranchement doit être fait aux articles 89, 90, 91, 108, 136, 174, 195, 198 et 212.

Art. 95, à la fin de l'article, ajoutez : *Cette assermentation a lieu d'après la formule prescrite à l'article 306 bis*.

Art. 100, à la 1re. ligne de la page 28, au lieu de: *et*, lisez: *ou*.

Art. 105, à la dernière ligne, après *fermée*, ajoutez: *ou un meuble fermé*.

Art. 124, à la 1re. ligne, au lieu de: *domicile du*, lisez: *endroit où se trouve le*.

Art. 158, à la 3e. ligne, tracez le mot: *et*, et ajoutez après *domicile*, les mots: *ou résidence*. Même correction aux articles 289 et 338.

Art. 159, en entier, lisez: *Le Juge procède à l'audition des témoins, mais sans les assermenter ; toutefois il leur rappelle qu'ils pourront être entendus sous serment aux débats, si la mise en accusation est prononcée.*

Art. 161, à la fin, au lieu de: *sauf les exceptions mentionnées à l'article 302*, lisez: *à moins qu'elle ne se trouve dans un des cas d'exception mentionnés à l'article 303*.

Art. 162, à la 1re. et 2e. lig., tracez les mots: *par le certificat d'un officier de santé*.

Art. 163, à la 3e. ligne, au lieu de: *il*, lisez: *celui-ci*.

Art. 166, à la fin du second alinéa, ajoutez les mots: *de l'enquête*.

Art. 170, à la 1re. ligne, au lieu de: *sourd ou muet*, lisez: *sourd-muet*. Même correction à l'article 319.

Art. 177, le premier alinéa est supprimé, et le second commence par ces mots: *S'il y a plusieurs cautions*.

Art. 178, à la 3e. ligne, au lieu de: 933, lisez: 983.

 »   Supprimez le dernier alinéa de l'article.

Art. 181, au commencement du second alinéa, au lieu de: *il en est de même*, lisez: *il est de même éteint*.

Art. 187, à la fin, supprimez les mots: *à moins que la loi ne statue autrement*.

Page 51, au lieu de: *Livre second*, lisez: *Titre troisième*.

Art. 204, à la 9e. ligne, au commencement, au lieu de: *la*, lisez: *le*.

Art. 205, en entier, lisez: *Si le prévenu est en liberté et que le Tribunal estime qu'il doit être mis en état d'arrestation, l'arrêt porte de plus ordonnance de prise de corps.*

Cette ordonnance est transmise au Juge, pour pourvoir à l'exécution par un mandat d'arrêt.

(5)

Art. 214, à la 7e. ligne, supprimez les mots: *du Juge d'instruction.*

Art. 219, à la 2e. ligne, au lieu de: *Livre*, lisez: *Titre.*

Page 58, au lieu de: *Livre troisième*, lisez: *Livre second.*

Art. 237, à la dernière ligne du premier alinéa, au lieu de: *secours*, lisez: *concours.*

» le second alinéa et la fin de l'article, doivent former un art. 237 *bis*, commençant par ces mots: *Dans le délai fixé par l'article précédent, le Directeur des débats notifie*, etc.

Art. 250, à la 3e. ligne, au lieu des mots: *à l'art. 237*, lisez: *aux art. 237 et 237 bis.*

Art. 268, en entier, lisez: *L'exploit est notifié par un des huissiers du Tribunal criminel, ou par un huissier du Tribunal du District où le témoin est domicilié.*

Art. 274, en entier, supprimé.

Art. 285, à la 1re. ligne, au lieu de: *le prévenu*, lisez: *l'accusé.* Même correction à l'art. 399.

Art. 286, à la fin, ajoutez: *ou à l'accusé.* Même correction à l'art. 400.

Art. 287, à la fin de la 2e. ligne, après les mots: *il peut*, ajoutez: *ensuite d'une délibération du Tribunal.* Même correction à l'art. 401.

Art. 298, en entier, lisez: *S'il y a plusieurs accusés, ils se retirent et sont ensuite successivement réintroduits et interrogés.*

Art. 303, au commencement, au lieu de: *Ne sont point admis*, lisez: *N'est point admis*, etc.

  1°. *Le témoin qui se trouve avec l'accusé dans l'une des relations suivantes:*

   a) *Parent ou allié en ligne directe;*

   b) *Frère ou sœur;*

   c) *Mari ou femme, même après le divorce prononcé.*

  Les N°. 2°., 3°. et 4°. subsistent.

Art. 304, le 1er. alinéa et le N°. 1 subsistent.

» au N°. 2, lisez: *S'il se trouve avec le lésé ou avec la partie civile dans l'une des relations suivantes:*

a) *Parent ou allié en ligne directe ;*

b) *Parent ou allié en ligne collatérale, jusqu'au quatrième degré inclusivement ;*

c) *Mari ou femme, même après le divorce prononcé.*

ART. 3o6, après la formule du serment et avant le dernier alinéa, ajoutez : *Cette formule étant prononcée, le témoin lève la main et prononce à voix distincte ces mots : « Je le jure. »*

ART. 3o6 *bis*, ajoutez : *L'expert qui ne se trouve pas dans le cas prévu par l'article 3o5, ou qui n'a pas été assermenté dans l'enquête, prête le serment suivant :*

> *« Vous jurez de dire tout ce qui vous paraîtra vrai sur*
> *» l'objet soumis à votre expertise ; vous jurez de donner*
> *» cette déclaration au plus près de vos lumières et de votre*
> *» conscience, sans aucune réticence, sans aucune faveur,*
> *» ni acception des personnes, et avec toute l'impartialité et*
> *» la probité requises.— Vous le jurez par le nom de Dieu*
> *» et comme vous voulez qu'il vous assiste à votre dernier*
> *» jour. »*

Cette formule étant prononcée, l'expert lève la main et prononce à voix distincte ces mots : « Je le jure. »

ART. 3o9, à la dernière ligne du second alinéa, au lieu de : *l'art.* 3o4, lisez : 3o3.

ART. 33o, à la fin, ajoutez le mot : *oralement.*

ART. 338, à la 4e. ligne de la page 89, après : *Tribunal*, ajoutez les mots : *des suppléans, s'il en a été appelé.*

» à la 8e. et 11e. ligne de la même page, après le mot : *domicile*, ajoutez : *ou résidence.*

ART. 35o, à la 6e. ligne, au lieu du mot : *douce*, lisez : *favorable à l'accusé.*

ART. 35i, à la 1re. ligne, supprimez les mots : *contre trois.*

» Transportez le second alinéa à la fin de l'article.

ART. 352, à la 4e. ligne, supprimez les mots : *en sa faveur.*

ART. 365, à la 1re. et 3e. ligne, substituez le mot : *jugement*, au mot : *arrêt.*

Même correction aux art. 366, 367, 368, 369 et 37i.

Art. 365, au 1er. alinéa, lisez: a) *Les diverses décisions que le Tribunal a dû prendre, conformément aux art.* 346 *et suivans, dans l'ordre déterminé par ces articles.*

Les alinéas *b*), *c*) et *d*) sont maintenus.

Art. 376, à la 2e. ligne, au lieu de: *en,* lisez: *à*

Art. 415, à la 1re. ligne du quatrième alinéa, au lieu de: *la majorité de cinq voix,* lisez: *la simple majorité.*

» à la 4e. ligne du même alinéa, au lieu de: *en,* lisez: *à.*

Art. 420, à la 4e. ligne de la page 108, au lieu de: *dans la forme ordinaire,* lisez: *dans la forme prescrite au Chapitre précédent.*

Art. 424, à la 1re. ligne, après le mot: *Juges,* ajoutez la particule: *ne,* et commencez la seconde ligne par le mot: *que.*

Art. 429, à la 5e. ligne, au commencement, au lieu de: *fait,* lisez: *fait faire.*

Art. 441, à la fin, ajoutez: *ou au prévenu.*

Art. 443, à la 3e. ligne, après les mots: *les procès-verbaux,* ajoutez: *plaintes ou dénonciations.*

Art. 469, à la 5e. et 6e. ligne, au lieu des mots: *dont la connaissance ne lui est pas attribuée par la loi,* lisez: *que la loi n'a pas mise dans ses attributions.*

Art. 470, en entier, supprimé.

Art. 477, à la 3e. ligne, au lieu de: *condamné,* lisez: *prévenu.*

Art. 509, à la 4e. ligne, au lieu de: *peut, par le même arrêt, être condamné,* lisez: *est, par le même arrêt, condamné.* Même correction à l'art. 514.

Art. 512, à la 2e. ligne, au lieu de: *attribuée,* lisez: *attribué.*

Page 130, au lieu de: *Section sixième,* lisez: *Titre cinquième.*

Page 135, au lieu de: *Livre quatrième,* lisez: *Livre troisième.*

Art. 544, à la 8e. ligne de la page 140, après le mot: *observations,* ajoutez: *du curateur de l'absent et celles.*

Art. 547, à la 4e. ligne, au lieu de: *le procès est instruit de nouveau,* lisez: *il est procédé à un nouveau jugement.*

Art. 553, cet article est numéroté par erreur 353.

Art. 555, à la dernière ligne, au lieu de : 517 *à* 521, lisez : 530 *à* 533.

Art. 572, au 2ᵉ. alinéa, au lieu de : *l'accusé*, lisez : *le prévenu.*

Art. 576, à la 3ᵉ. ligne, au lieu de : *peut être demandée dans les cas suivans,* lisez : *ne peut être demandée que dans l'intérêt du condamné et dans les cas suivans :*

Art. 581, à la 6ᵉ. ligne de la page 150, supprimez les mots : *sur la loi.*

9 782016 147924